企業訴訟実務問題シリーズ

COMMERCIAL LITIGATION

森・濱田松本法律事務所［編］

弁護士　難波孝一・稲生隆浩
　　　　横田真一朗・金丸祐子　［著］

Introduction to
Commercial Litigation

企業訴訟総論

中央経済社

はしがき

　世の中に紛争はつきものである。ことに企業が経済活動を行っていれば企業と企業との間，企業と社会との間，企業と個人との間で摩擦，軋轢，利害の衝突が生じ，紛争は日常茶飯事といっても過言ではない。紛争は訴訟に発展し，その結果によっては企業は存亡の危機に立たされることもないではない。このため，企業は，訴訟を提起する場合は勝たねばならず，訴訟を提起された場合には負けてはならないのである。本書は，企業訴訟について，そのエッセンスを書いた本である。

　文明が発展するにつれ，社会は複雑化し，価値観も多様化してきている。このため，企業についての訴訟は専門化が進んできている。企業の訴訟を取り扱う弁護士も専門的なより深い知識，経験が要求されてきている。「企業訴訟実務問題シリーズ」では，企業の専門的分野の訴訟について取り扱うことになっているが，本書は，このような専門訴訟に先立ち，企業の訴訟一般に通じる共通のノウハウはないかを探求し，紹介している。

　本書は，長年にわたって企業の訴訟を担当し，培ってきた森・濱田松本法律事務所の知識・経験等を発表するものであって，企業の訴訟を担当する弁護士はもとより企業の法務担当者に読んで頂くことを予定している。本書では，とりわけ，弁護士と法務担当者とが協働して，裁判官の心をしっかり把握し，訴訟活動することが重要であるとの視点から解説している。

　本書の具体的な内容であるが，時系列に沿って，訴訟提起前から訴訟終了までの間に生起する事柄について解説している。序章では紛争に勝つための心得についてその要点を記載している。第1章は法的手続前の準備について記載しており，事実関係の調査や証拠の収集や保全について解説している。また，訴訟を提起するのがよいのか，それとも他の手段を使うのがよいのかなどにも言及している。第2章から第4章までは訴訟が提起されてから終結に至るまでの

はしがき

　間に問題となる事項について解説している。すなわち，第2章では優れた訴状，答弁書はどのようなものであるのか，どのような点に留意して記載したらよいのかについて解説している。第3章では，互いの準備書面，証拠の応酬のなかで弁護士，法務担当者が留意すべき事項について解説している。準備書面の作成については，当然の訴訟上のマナーと思われる，簡にして要を得た，裁判官の要求を満たす書面を，提出期限を遵守して提出することなどを記載している。第4章では証人尋問について誰を証人とするか，どのような準備をするかなどについて解説している。訴訟の終わり方は和解と判決が主なものであるが，第5章では訴訟の主な終了原因である和解ならびに判決およびその後の対応について解説している。

　以上のとおり，本書は，時系列に沿って生起する訴訟法上の諸問題等をできるかぎりわかりやすく，実践的に解説したものである。企業の訴訟を担当する弁護士や法務担当者のお役に立てば望外の幸せである。なお，本書の刊行にあたっては，株式会社中央経済社の露本敦氏と川副美郷氏に校正その他について多大なご支援をいただいた。この場をお借りしてお礼を申し上げる次第である。

平成29年1月

執筆者を代表して

弁護士　難波　孝一

目　　次

序章　紛争に勝つためには ―――――― 1

第1章　法的手続前の準備

第1節　事実関係の調査 ―――――― 6

1　**事実関係の調査の重要性**／6
2　**事実関係の調査の方法**／7
　(1)　手元にあるリソースの確認・保全／7
　(2)　初期段階の事実調査実施時の留意点／8
　(3)　ヒアリング時の留意点／10
　(4)　手元にないリソースからの情報収集／14

第2節　証拠の収集・保全 ―――――― 18

1　**書証の重要性**／19
2　**書証の分類**／20
　(1)　公文書と私文書／20
　(2)　処分証書と報告文書／21
　(3)　原本，謄本，抄本，正本，副本／24
3　**書証の成立の真正**／25
4　**書証の保全・収集の方法**／26
　(1)　当事者双方が保有している証拠／26
　(2)　公の情報・入手可能な情報／26
　(3)　当事者の一方のみが保有している証拠／27
　(4)　電子証拠／27

5　証拠の作成／30
　6　時系列表等の作成／31

第3節　法令および判例等のリサーチ ─── 33

第4節　民事保全の検討 ─── 36

　1　民事保全の意義／36
　2　民事保全の種類／37
　3　民事保全の手続／38
　4　民事保全の検討・準備／39
　　(1)　民事保全の要否／39
　　(2)　保全すべき権利と保全の必要性の検討／40
　　(3)　担保についての検討／41
　　(4)　申立書および疎明方法の検討・準備／44
　　(5)　審　尋　等／45
　5　裁判所の決定に対する対応等／46

第5節　法的手続の選択 ─── 48

　1　手続選択における視点／48
　2　訴訟・非訟／48
　　(1)　訴訟・非訟の種類と特徴／48
　　(2)　訴訟手続の流れ／55
　　(3)　訴訟手続費用／55
　3　調　　停／57
　　(1)　特　　徴／57
　　(2)　手続の流れ／58
　　(3)　費　　用／58
　4　仲　　裁／59
　　(1)　特　　徴／59
　　(2)　手続の流れ／61

(3)　費　　用／61
　⑤　その他ADR／63

第6節　相手方が海外の会社であるときの留意点 ── 65

第2章　訴状，答弁書の作成

第1節　訴えを提起するとき（訴状の作成） ── 68

① **訴状の記載事項**／69
　　(1)　法令上の定め／69
　　(2)　要件事実（主要事実）／71
② **訴状作成のポイント**／74
　　(1)　「勝てる」訴訟物の選択（処分権主義）／74
　　(2)　裁判所にストーリーの重要部分を理解してもらう／76
　　(3)　被告から想定される主張とそれに対する反論の記載／77
③ **添付する証拠（書証）**／77
　　(1)　証拠（書証）の選別／77
　　(2)　書証提出時の留意点／79
④ **訴状の記載例**／80

第2節　訴えを提起されたとき（答弁書の作成） ── 88

① **答弁書の記載事項**／88
② **答弁書作成のポイント**／89
　　(1)　事実・証拠等の分析とそれを前提としたストーリーの検討／89
　　(2)　認否よりも主張を先に記載する／90
　　(3)　事実関係と法的主張の区別／90
　　(4)　認否の記載方法／91
③ **添付する証拠**／91

目　次

4　答弁書の記載例／92

第3章　準備書面および証拠の応酬

第1節　訴訟の進行 ──── 98

1　訴訟の進行の概要／98
2　裁判期日／100
　(1)　裁判期日の種類／100
　(2)　訴訟の進行と裁判期日／102
　(3)　裁判期日の対応／104

第2節　準備書面の作成 ──── 107

1　提出期限は守る／107
2　簡にして要を得たものにする／107
3　期日での裁判官の発言を踏まえたものにする／108
4　最終準備書面の作成／108

第3節　証拠の提出 ──── 110

1　証拠提出の目的／110
2　適時の証拠提出の重要性／111
3　証拠説明書の重要性／112
4　裁判所，相手方からの証拠提出要請に対する対応／112

第4節　裁判所を通じた訴訟資料の顕出 ──── 113

1　文書送付嘱託／113
2　訴訟記録取寄せ／114
3　文書提出命令／115

4　検証物送付嘱託，検証物提出命令／118
　　5　証拠保全（民事訴訟法234条）／118

第5節　鑑定，意見書 ──────────── 120

　　1　鑑定の意義・役割／120
　　2　裁判所における鑑定／120
　　3　当事者による鑑定書（意見書）の提出／121
　　　(1)　鑑定書の取得・提出の要否／121
　　　(2)　鑑定書作成の留意点／122

第4章　証人尋問

第1節　証人尋問の実施の検討 ──────── 126

　　1　証人尋問の必要性の判断／126
　　2　証人の選択／127

第2節　証人尋問までの段取り ──────── 129

　　1　証人申請（証拠申出書の作成）／129
　　2　陳述書の作成／130
　　3　証人尋問を経ない陳述書の証拠価値／131
　　　(1)　陳述書と証人申請の要否／131
　　　(2)　陳述書の作成者につき証人申請されない場合の対応／132

第3節　証人尋問の準備 ────────── 134

　　1　証人尋問の流れ／134
　　2　主尋問／135
　　　(1)　主尋問の目的／135

(2)　主尋問に臨む心構え／136
　　(3)　証人尋問前の打合せ，主尋問の予行演習／137
3　反対尋問／138
　　(1)　反対尋問の目的／138
　　(2)　反対尋問に臨む心構え／138
　　(3)　証人尋問前の打合せ，反対尋問の予行演習／139
4　補充尋問／140
5　相手方証人への対応／141

第5章　訴訟の終了

第1節　和　解 —————————————— 144

1　和解のタイミング／144
2　和解の検討のポイント／145
　　(1)　メリット・デメリットの検討／145
　　(2)　検討するにあたっての留意点／146

第2節　判決およびその後の対応 —————— 148

1　判決後の対応の検討／148
2　控　訴／149
　　(1)　控訴の提起／149
　　(2)　控訴審の審理の対象／150
　　(3)　控訴審の訴訟活動／151
　　(4)　控訴審判決に対する対応／152
3　上告または上告受理の申立て／153
4　強制執行／155

事項索引 ———————————————————— 157
判例索引 ———————————————————— 160

凡 例

■判例集・雑誌

民（刑）集：最高裁判所民（刑）事判例集
集民：最高裁判所裁判集民事
高民集：高等裁判所民事判例集
判時：判例時報
判タ：判例タイムズ
金判：金融・商事判例

序章　紛争に勝つためには

　企業が経済活動を行っている中で紛争は必ず生じる。それは単純な売掛金の未払の場合もあれば，たとえば主力製品が特許権を侵害するとして販売の差止めを求められるなど，企業としての存続をも左右する極めて大きな紛争の場合もある。紛争はできることならば起きないに越したことはない。

　しかし，不幸にして紛争が生じ，相手方に対し訴えを提起することを余儀なくされた場合や，また，相手方から訴えを提起された場合には，企業としては，当該争いについて「勝てるのか」をよく吟味しなくてはならない。仮に，「勝つ」可能性がない（争う余地がない）にもかかわらず，無理に争った場合には，無駄な時間も労力も費用もかかるうえ，企業としての信用問題にもつながりかねない。そうかといって，安易に妥協すれば，重要な権利を失ったり，多額の金銭負担を強いられたり，将来の事業収益にも大きく影響することもある。そのため，「争わない」という判断が適切だったのかという問題も生じる。

　そこで，紛争が生じた場合，「その紛争に勝てるのか」という見極めが極めて重要である。それを見極めるため，紛争解決の専門家である弁護士に相談する必要があろう。特に，社会が複雑化し，価値観が多様化する現代社会では，企業において生じる紛争は，より複雑化，専門化している。そういった紛争で「勝てるのか」という見極めをするには，あるいは，実際に戦って勝つためには，その分野の紛争に豊富な経験と実績のある弁護士への相談は必要不可欠となっている。

　他方で，紛争が生じたら弁護士に任せておけばよいということではない。日本の民事訴訟では，処分権主義，弁論主義と呼ばれる当事者の意思や立証活動を重視する制度が採用されており，紛争で勝つためには，「こういった事実があった」ということを当事者が主張立証できることが最も重要となってくる。

序章　紛争に勝つためには

　その事実を体験し，また，その事実を証明する証拠を持っているのは，まさに当事者である企業である。そのため，紛争が生じた場合，弁護士に相談に行く前に，法務担当者として，どのような調査をして，どのような資料を準備すればよいかを理解したり，実際に訴訟では裁判官はどのような視点から判断するのかを知り，紛争を勝つためには，どのような点がポイントとなるのかということを理解しておくことで，より効率的かつ有用な訴訟活動ができるようになる。また，そういったポイントを理解しておくことは，平時から，どのような資料をどのような形で保存しておくことが，万が一将来紛争が生じた場合に有益かということにもつながり，社内での記録管理方法の見直しや整理にも役立つだろう。

　ところで，紛争，とりわけ訴訟に勝つためにはどうすればよいのかが問題である。その処方箋がわかれば，誰もがその方法を知りたいと思うであろう。本書は，その処方箋を訪ねての旅といえよう。訴訟に勝つための方法としては，訴訟で勝敗を決めているのが裁判官であることから，裁判官の心をしっかりとつかむことに尽きる。そして，裁判官の心をつかむこととは，裁判官が何を考え，何を当事者，弁護士に求めているのかをきちんと把握し，これに対応した訴訟活動をすることに尽きる。このように裁判官の求めていることに対応していくためには，何を置いても必要なことは，当事者である企業，またその担当者と代理人をしている弁護士とが緊密な協働関係を形成することである。このことが，訴訟に勝つために必須不可欠な条件といえよう。

　訴訟は，当事者と代理人弁護士とで行うチームプレーによる情報の伝達ゲームの側面がある。企業側は，依頼した代理人弁護士に対し，事実関係を正確に伝え，必要な証拠を揃える。そのためには，企業の担当者は，関係部署の職員から事実を正確に聴取し，これを間違いのないように代理人弁護士に伝える。代理人弁護士は，裁判所に対し，依頼された企業側の主張，証拠を正確に伝え，理解してもらう。また，企業の訴訟担当者は，裁判の様子等を弁護士，裁判所から聴取，見聞し，経営陣に伝え，経営陣の方針を代理人弁護士に伝える。このように企業側の訴訟担当者は，訴訟におけるキーマン（橋渡し，ブリッジ）

の役目を果たさなければならないのである。そして，企業の訴訟担当者は，代理人弁護士に任せたことにより安心，油断してはならず，代理人弁護士と一緒に裁判所に出かけ，裁判官の一挙手一投足を注視する必要がある。裁判官の行動，発言を注意深く観察することにより，裁判官が，何を主張してほしいのか，どのような証拠を出してほしいのかなどについての洞察力が養われるのである。

　本シリーズでは，紛争の類型に着目した各種の専門的な訴訟のポイントや論点などを解説するが，本書は，その導入として，紛争が生じたら企業として何をすべきか，訴訟を提起した場合または提起された場合，訴訟はどのように進行していくのかなどを，紛争に「勝つ」ためのポイントを意識しつつ解説する。

第 **1** 章

法的手続前の準備

　紛争が実際に起こったときに法務担当者は，まず，事実関係を調査し，証拠を収集・保全する。そして，必要に応じて弁護士に相談し，弁護士からのアドバイスも踏まえて，さらなる事実関係の調査，証拠の収集・保全を進める。そのうえで，調査した事実，収集・保全した証拠をまとめ，時系列表を作成し，今後の戦略を検討することになる。

　本章では，紛争が生じた場合には上記のような過程をたどることを踏まえ，まず，事実関係の調査の重要性や調査方法，および，証拠の収集・保全の方法について，訴訟における書証の重要性にも言及しつつ解説する。そのうえで，その後の戦略を検討するにあたって有益となる時系列表の作成や法令・判例のリサーチにあたっての留意点について整理し，最後に，選択し得る法的手続の概要等について解説する。

第1節

事実関係の調査

1　事実関係の調査の重要性

　民事訴訟の原則の一つに，弁論主義がある[1]。訴訟において争われる権利関係（訴訟物）の基礎となす事実の確定に必要な裁判資料たる事実と証拠の収集を当事者の権能と責任に委ねる，という原則である[2]。

　裁判所における判断は，事実に法律をあてはめて行われるため，裁判では事実が最も重要といって過言ではない。そして，裁判で用いられる事実と，その立証に必要な証拠については，弁論主義に基づき，当事者が自ら収集して，裁判において提出しなければならない。事実関係の正確な把握と，それを裏付ける証拠の収集が，訴訟の勝敗を決するのである。

　したがって，企業が訴訟の当事者となる場合には，原告として訴訟を提起する場合でも，被告として訴訟を提起される場合でも，どの部署・担当者が関係しており，どのような経緯で，紛争が生じるに至ったのか，それぞれの事実に関連してどのような書類が存在し（または存在するはずであり），そのうちのどの書類を入手でき，またはできないのかを把握し，整理することは極めて重要である。

　また，企業が当事者となる訴訟には，複雑なものであれば5～6年以上続くこともある。そのため，証拠の散逸などを防止するという観点から，初期の段階から事実関係と書類の整理を行っておくことが有用である。

1　民事訴訟法において，弁論主義そのものを定めた規定は存在しないが，159条および179条は，弁論主義を前提として定められているとされる。
2　伊藤眞『民事訴訟法（第4版補訂版）』（有斐閣，2014年）295頁。

以下では，事実関係の調査と整理の方法に重点を置き，訴訟において必要となる事実関係の収集について説明する。

2 事実関係の調査の方法

(1) 手元にあるリソースの確認・保全

　法務担当者として行う事実関係の調査の方法としては，大きく，関係者からのヒアリングおよび関係書類の収集・精査と，それ以外の方法に分けられる。

　企業が当事者となる紛争では，請求を受ける側であったとしても，そのような請求について全く身に覚えがない，といった状況はあまり多くはない（もちろん，言いがかり的な訴訟等が全くないわけではないが）。むしろその背景として，紛争の内容に応じ，相手方との契約関係（契約関係から生じる紛争），問題となっているサービスや製品に関する社内での開発段階での検討（製造物責任訴訟など，自社のサービスや製品から生じる紛争），問題となっている従業員の評価や問題行動に関する議論や記録等（労使関係から生じる紛争）が残されている場合が多い。そこで，法務担当者としては，紛争の可能性を認識した時点で，まず，社内に存在するリソースから事実関係の調査を開始することが一般的であるし，それが望ましい。そして，それを行う前提として，入手可能と思われる社内のリソース（関係者，関係書類，関係物件）に関する情報を入手し，それを保全しておくことが肝要である[3]。

　リソースが社内に存在しているからといって，それがいつまでも社内にあるとは限らない。たとえば，担当者が配置転換により海外に赴任になる場合や，離職することも考えられる。また，使用していたパソコンが故障したために廃棄してしまうこととなり，復元ができなくなる場合などもある。紛争の可能性を認識した時点では存在していた問題の製品の在庫が，保存しておかなかった

---

[3] 日本においては，証拠となり得る文書等に関する保存義務は法律上は定められていない。しかし，証拠を相手方に開示するディスカバリー手続が求められる米国法上は，訴訟になることが合理的に予測される場面では，関連する文書用の廃棄をしないよう，社内通達（Litigation Holdと呼ばれる）を発信し，証拠の保全手続をとることが判例上求められている（*Zubulake v. UBS Warburg*, 220 F.R.D. 212, 218 (S.D.N.Y. 2003)）。

故に市場に流れるということも発生し得るであろう。

このような事態を避け、証拠の有利、不利やその内容にかかわらず、手元にあるリソースから原本を確保・保全しておくことは、極めて重要である。

(2) 初期段階の事実調査実施時の留意点

事実関係の調査として、まず行うべきは、社内にいる関係者からのヒアリングと社内で入手可能な関係書類の収集・精査である。

この点、このような初動から訴訟代理人とする弁護士を入れて行うことができれば、訴訟戦略を早期に立てるという観点からは理想的である。しかし、弁護士を早期に関与させるには費用も発生するし、弁護士の選任には、費用の見積りの取得や社内決裁の取得等手続に一定の時間を要することが多いため、その間に関係者の記憶や記録の散逸が起こってしまってはならない。また、現実問題として、ある程度事実関係を把握するまでは、弁護士の要否を判断しがたいことも多い。そこで、弁護士が入る前の段階で、法務担当者のみで初動対応をする必要は高い。

以下、初動対応を行うにあたり、その後に続く紛争において勝つべく行っておく必要のある事項を説明する。

① 関係者および関係書類の確認およびリスト化

紛争の複雑さの程度に区別なく、関係者および関係書類を保持している人（カストディアン）の特定とリスト化が必要である。会社内における関係者の数は、必ずしも紛争の複雑さの程度に比例するものではないからである。

たとえば、取引に関連する紛争一つ取ってみても、当該取引を行う担当の部署の他に、契約書のレビューをする法務担当部署、代金の支払処理を行う経理部門や会計部門、適時開示を行う広報部門等、複数の関係部署・関係者の存在が考えられる。上記のとおり、人事異動や退職等の可能性があることに鑑み、あらかじめ関係者のリスト化をしておくことで、その後（長く）続く手続の中で、極めて重要な情報ソースとして使用することができる。

他方、当該紛争にどのような書類が「関係」するのかについては、もちろん、必ずしも一朝一夕に判別できるものではない。したがって、これについては、ヒアリングを重ねるなかで順次、情報を入手することとなる。

② 初動対応の順序と下準備

どのような順番で何を行うのが効果的かは，事案によって異なる部分が多分にあるが，押し並べて言えば，

> (i) 自社における基本的な事実関係について理解する。
> (ii) 関係する書類を見ながら関係者からヒアリングを行う。
> (iii) 追加で資料を捜索・精査する。
> (iv) 上記(ii)および(iii)を繰り返して不明な点を潰していく。

という順序で，事実関係の調査と基本的な証拠の収集を同時並行で行うこととなる（その中途のどこかの段階で，代理人となる弁護士を入れて再度仕切り直しをすることもある）。

上記のうち，(ii)のヒアリングにあたっての下準備は極めて重要である。この段階で理解しておくべき基本的な事実関係には，以下のような事項があり，企業の法務担当者であれば当然に認識している事項もある。

【事前に確認すべき事項の例】

1	自社に関する事項	✓ 会社全体の事業内容 ✓ 会社の規模（売上，利益等）
2	当該事業に関する事項	✓ 収支および利益率 ✓ 将来性・会社における重要性
3	関係部署に関する事項	✓ 当該部署の事業内容 ✓ 当該部署の規模 ✓ 組織図および職務分掌 ✓ 業務フロー
4	関係者に関する事項	✓ 役職 ✓ 業務範囲

これらの事実関係を認識している場合としていない場合とでは，ヒアリングにおける視点が異なってくる。

たとえば，立ち上げたばかりの売上高1億円の事業部門における訴訟と，売上高1000億円の事業部門における訴訟とでは，請求金額が同じ5000万円であっ

たとしても，事業に与える影響は全く異なるし，通常業務としてどのような取扱いがなされたかが異なってくる。また，業務フローとして，一定金額以上の契約の締結には部長決裁が必要であると理解していれば，決裁書類に部長印がないという事実に関して背景事情を確認することができる。

このように，初期段階のヒアリングにおいても，下準備をしたうえで臨むことが有益な情報を効率的に獲得するために不可欠である。

なお，初期段階のヒアリングで必要となるのは，極めて基本的な関係書類（問題となる契約書等）である。上記のとおり，何が関係書類に該当するかの判断は極めて難しいことから，上記(ii)において使用する書面に関して初期段階で行うべきは，必ず存在するはずの書類とそれを保管している部署の確認といえる。企業によっては，契約書の保管部署が契約の内容や金額等により異なることもあるため，必ず原本がどこにあるのかを確認する必要がある。ヒアリングにおいては，可能な限り，写しではなく原本を手元において確認しながら行うことが望ましい。

(3) ヒアリング時の留意点

関係者からのヒアリングを行うにあたって，どのようなことを意識すべきか。以下では，法務担当者が直接の関係部署の担当者から話を聞く場合のみならず，弁護士と共にヒアリングを行うことを念頭に，ヒアリングにおいて特に意識を向けるべき点を挙げる。

① ヒアリングにおける獲得目標

ヒアリングにおける獲得目標は，事実関係を聞き取ることではあるが，初期の段階のヒアリングにおいては，特に，不利な事実も含め，真実を話してもらう（隠し事をさせない，ウソをつかせない）べく，担当者からの信頼を得ることにある。この点，誰しも，自分の話を真摯に聞いてくれる人に対しては真実を話そうとするが，自分を責めようとしたり，自分の認識をわけもなく否定したりする人に対して事実をすべて包み隠さず話そうとはしない。

そのため，信頼を勝ち取るまでは，ヒアリング対象者に対する態度に注意が必要である。特に，仮に当該対象者が何かミスを犯していたり，最終的な責任が問われる立場にあったとしても，詰問調は避けるべきであるし，他の関係当

事者についての言及はニュートラルに聞く等の配慮が必要である。

　信頼を得られないことによる影響は極めて甚大である。訴訟では，自社にとって有利なものも不利なものも含め，可能な限り多くの事実関係を踏まえたうえで，戦略を練る必要がある。信頼を得られないと，特に不利な事実関係を把握できない可能性が生じ，いざ訴訟になってから相手方から指摘を受けて根本から訴訟戦略を立て直さなければならなくなったり，反対尋問（後記**第４章第３節**）で相手方から指摘を受けて初めてその事実を知って回復不能の損害を被ったりすることになる等の最悪の事態が発生してしまいかねない。

　関係者に迎合する必要はないものの，礼儀をもって，真摯な姿勢でヒアリングに臨むことが重要である。

　② ヒアリングに際して，事実に色付けをしない

　関係当事者からヒアリングを行うに際しては，可能な限り，法的な色付けはせずに広く事実関係を記録しておくことが望ましい。

　後述するとおり，ヒアリングに際しては要件事実を念頭に行うことが必要ではあるが（下記③参照），必ずしも当初想定していた法律構成で請求を行ったり，防御を行ったりするとは限らない。広く事実関係を調べてみたところ，実は想定していた法律構成は取りえない事情が存在していたということもある。

　また，上記のとおり，法的な色眼鏡をかけてしまうと，ヒアリング対象者の話を十分な理由なく否定したり，疑問視する場面が増え，関係当事者からの信頼を得られないという結果となる可能性もある。

　このような観点から，ヒアリングにおいて色付けをして話を聞くのではなく，むしろ広く事実関係を拾い，記録しておくことで，弁護士に相談する段階で，訴訟の対応においてどのような法律構成をとるのが一番有利か，戦略を自由に練られるようになる。訴訟を想定したヒアリングでは，えてして弁護士や法務担当者は法律というフィールドを設定し，それにあてはまる事実を聞き出そうとするが，まずもって大切なのは，実際に起きた生の事実である。法律構成を先に考えると，実体と遊離した形の理論構成となり，真の争点を見誤ることにつながるので注意が必要である。事実関係を正確に把握したうえで，法律構成を考えることが大切である。

③ 要件事実と間接事実を意識する

　裁判に提出する事実は，裁判所が判断の基礎とする事実を含まなければならない。では，裁判所が判断の基礎とする事実とは，何か。それは，一定の法的効果の発生のために法律上必要とされている要件（要件事実）に該当する事実である（要件事実については，具体的には後記**第2章**を参照）。たとえば，土地の売買に基づく売買代金の請求を行う場合には，売買代金債権の発生という法律効果の発生を主張することになるが，当該当事者間で売買契約が成立したことがその要件事実となる。すなわち，当事者間で，対象物件を代金いくらで買ったということが要件事実となる。代金を主張することにより売買と贈与との間の識別が可能となるのである。また，金銭消費貸借契約に基づく貸金返還請求を行う場合には，一定金額の金員の授受と同額の金員を返還する旨の約束がその要件事実となる。この場合は，消費貸借契約が要物契約であることから金銭を授受したこと，貸借であることから返還期限が要件事実となる。

　裁判においては，上記のとおり，裁判所が事実に法律をあてはめて判断を行うが，どんなに信憑性の高い事実を並べてみても，要件事実が認められなければ，請求は認められない。なぜなら，法律効果が発生しないからである。したがって，訴訟において求める請求（訴訟物）について，どのような事実が要件事実に該当するのかは，常々，意識する必要がある。そして，要件事実を直接立証する証拠（直接証拠）が存在することは，現実には多くない。このため，実際の訴訟では，当該要件事実を推認させる事実，すなわち間接事実を積み重ねることによって要件事実を立証する必要がある。その意味で，要件事実のみならず，どういう間接事実があれば要件事実を推認できるのかという点を常に意識しておく必要があるのである。たとえば，上記金銭消費貸借の例でいえば，金銭の授受という要件事実に対しては，借主が当該金員を受領したことを推認させる事実として，たとえば，これまでたまっていた借金を返済したり，友人に食事を奢る等急に金回りが良くなったことなどが金員の授受を推認させる重要な間接事実として挙げられる。

　上記②と一見矛盾するように思えるが，このように，どのような法律構成が可能か，要件事実や重要な間接事実が何であるかを意識しながらヒアリングを行うことで，具体的な質問をすることになり，効率的に事実関係を拾うことが

できる。

　ヒアリングを行うにあたっては，要件事実を意識しながらも，重要な間接事実を落とすことのないよう，可能な限り広く，たくさんの関係事実を拾い上げるよう努めるべきである。

　④　あるべき姿との差を意識する

　裁判においては，事実認定は証拠に基づき行われるが，「通常」と異なるか否かという点が当該事実認定に大きく影響を与えることがままある。つまり，担当裁判官は，「通常」と異なる事実が存在すれば，何故，「通常」と異なるのかを探求し，その疑問が解消しない限り，「通常」と異なる事実を基にした主張を採用しないからである。その意味で，本来あるべき姿と，実際の姿の違いを意識しながらヒアリングを行うことで，紛争におけるポイントが見え，その点が事件の「争点」となることが少なくないことに留意が必要である。

　たとえば，本来あるべきものが「存在しない」という事実や，通常行われるべき業務フローと異なる扱いがなされているという事実については，必ずその理由を確認すべきである。そのような観点から，関係部署内で通常行われている決裁手続等，会社の内部では当然のものとして行われている業務フローについては，ヒアリングに先立ち確認をしておくと，問題が発見しやすい。

　また，契約書や社内規程が存在していたとしても，規定通りに運用されているとは限らない。したがって，書面に記載されていることと実際の取扱いの差を意識することも視点として必要である。

　⑤　社内の「常識」が万人にとっての常識でないことを意識する

　上記④と関係して，社内で常識・一般用語として使用している概念やフロー，用語などは，社外の人間に対しては説明をする必要がある。特に，社内規程，稟議書，決裁の仕組みについては，会社によって大きく異なることを意識する必要がある。

　法務担当者を含め，社内の人間が常識としている用語や略称が，必ずしも社外の人間に同様の意味で伝わるというものではない。訴訟になった場合には，何をおいても裁判官に理解してもらわなければ始まらないので，社内で使用している概念やフロー，用語などは，裁判官にわかるような用語を使用して説明すべきである。たとえば，システムの瑕疵をめぐる事案で，システム関係の専

門用語を使用している準備書面を提出している事例がないわけではないようであるが，裁判官や弁護士は法律の専門家ではあっても，システム関係では一般の素人と同じ知識しかないのが通常である。裁判所には専門委員を選任する制度があるからといって，裁判官は常に専門委員の知識を活用することができるわけではない。また，会社員経験のない人間（裁判官や弁護士を含む）は，社内の稟議を通すためにどれほどの時間と資料が必要なのか理解していないこともある。したがって，社内の運用については，わかりやすく説明をできるようにしておくことが重要である。

(4) 手元にないリソースからの情報収集

必要な情報や資料が社内には存在しない場合であっても，入手可能な情報がある。手元のリソースから入手できない事実関係の調査の方法としては，以下のようなものが挙げられる。

なお，どの方法が一番適切かについては，当方の意図（訴訟目的であること等）が相手方に伝わってしまう可能性等を踏まえたうえで，一番効果的にかつ確実に事実関係や情報を入手できる方法を選択するべきである。

① 現場の調査，現物の現認

紛争の対象の中には，不動産や工場など，書証以外の証拠物件がある。このような場合には，実物を自分の目で確認することは，極めて重要である。その他にも，紛争の対象が自社製品等の場合には，製造の現場である工場に実際に赴き，実際の製造工程を確認する必要がある場合もある。

実際に現場を自分の目で確認しないと，関係者からヒアリングした内容や資料の記載内容が十分に理解できないこともあるし，第三者（裁判所，弁護士など）に説明を行うにあたっても，現場を見ているのと見ていないのでは，説得力が全く異なる。昔から，百聞は一見にしかずという諺があるが，まずは，現場をよく見ることが大切である。

② インターネットの情報（**裁判所情報，公官庁情報等**）

専門知識等を調査する前提として，インターネットによる事実関係の収集は有用である。しかしながら，インターネットで入手可能な情報の信用性はものによって大きく異なり，まさしく玉石混交であるから，裏付けの確認を行うこ

となしに利用するのは危険である。

　法律情報のデータベース（ウエストロー等）以外で，登録等の手続が不要で信用力の高いウェブサイトとしては，以下のものが挙げられる。

【信用性の高いウェブサイトの例】

ウェブサイト	得られる情報
最高裁判所のウェブサイト	裁判例，裁判所での手続等
法令データ提供システム	憲法，法律，政令，府令，省令等
各省庁のウェブサイト	通達，ガイドライン，過去の時点における天候等
法務局，市役所，各委員会等のウェブサイト	過去事例における判断，具体的な手続，窓口等
公益財団法人日弁連法務研究財団のウェブサイト	法律研究論文

　上記のほか，企業に関する情報を確認する場合の当該企業のウェブサイトや，各証券取引所のウェブサイト（適時開示情報検索サービス等）も有用な情報源となる。

③　不動産登記，会社登記の情報

　法務局においては，不動産登記，商業登記，動産および債権の譲渡登記等の情報を取得することができる。

　不動産登記に関しては，登記事項証明書のみならず，登記申請書およびその添付書類等登記簿の付属書類にも，登記申請の代理人の氏名等の情報が詰まっている。したがって，場合によっては，実際に登記所に行って書類を直接確認することも有用である。

　法務局において取得する各情報は，謄本という形で証拠にそのまま利用できるため，必要となった段階でただちに取得することが望ましい。また，重要な情報については，変更がないか等も随時チェックをしておく必要がある。特に登記については変更の申請がなされると，一旦，閉鎖され一定期間（変更内容にもよるが1～2週間程度）は閲覧ができなくなる。閲覧しようとしたら登記が閉鎖されていたということがあれば，なるべく頻繁にチェックをすべきであろう。

④ 情報公開法等に基づく開示請求

各省庁が保有している情報に関しては、行政機関の保有する情報の公開に関する法律に基づいて、独立行政機関が保有している情報に関しては、独立行政法人等の保有する情報の公開に関する法律に基づいて、開示請求をすることができる。

また、地方公共団体においても、同様に情報公開条例が存在しており、地方公共団体の保有している情報の開示を求めることができる。

なお、これらの開示の対象は、一定の例外を除きすべての文書を含む。したがって、決裁や供覧等手続を終了したものに限られないし、また、各団体の職員が組織的に用いるものとして保有する文書、図画および電磁的記録（フロッピーディスク、録音テープ、磁気ディスク等に記録された電子情報）も含まれる。

これらの開示請求は、特別な資格を要することなく誰でも行うことができるものであるため[4]、法務担当者が単独で行うことができる。各省庁、独立行政法人、地方公共団体の窓口において手数料を添えて申請書を提出して行う。

⑤ 弁護士法に基づく照会

必要な事実の有無やその内容を調査し、これを裏付ける証拠を発見・収集する手段として弁護士法に基づく照会制度がある。法務担当者でも、弁護士資格を有していれば、弁護士法23条の2に基づいて、弁護士会を通じた照会制度を利用することができる。

弁護士会照会と呼ばれるとおり、弁護士から直接照会を行うものではなく、弁護士会を通じて行うものである。具体的には、(i)弁護士から所定の書式で弁護士会に対して照会申出を行い、(ii)弁護士会が当該照会の適否を審査し、(iii)弁護士会が適切と判断した場合に、弁護士会から特定の公務所または公私の団体（以下「公務所等」という）に対して報告を求める照会を行い、(iv)これに対して公務所等から回答が届き、(v)その内容を弁護士会が照会申請を行った弁護

---

[4] 行政機関の保有する情報の公開に関する法律3条は、「何人も、この法律の定めるところにより、行政機関の長（前条第1項第4号及び第5号の政令で定める機関にあっては、その機関ごとに政令で定める者をいう。以下同じ。）に対し、当該行政機関の保有する行政文書の開示を請求することができる」としている。

士に送付する，という流れをとることとなる。

弁護士会照会に対する報告について，これを強制する手段がない（回答しない場合等の罰則も存在しない[5]）ことから，回答が期待できないような場合には，文書送付嘱託等（後記第3章第4節）により問い合わせを行うこととなる場合も多い。

⑥ 当事者照会制度

当事者照会とは，一定の場合を除き，訴訟の当事者が，訴訟の係属中，相手方に対して，主張または立証を準備するために必要な事項について，相当の期間を定めて，書面で回答するよう照会することができる制度である（民事訴訟法163条，民事訴訟規則84条）。

この制度は，訴えの提起を書面で通知することによって（「予告通知」と呼ばれる），当該予告通知から4カ月間に限って，訴訟提起前にも利用可能である（民事訴訟法132条の3）。

裁判所を介さずに当事者間で行うことのできる照会手続であるが，弁護士会照会と同様，これを強制する手段がないことから，実務上はあまり利用されていないというのが実情である。

---

5 最高裁は，弁護士会が，弁護士会照会に対する回答を拒んだ企業に対して損害賠償を求めた訴訟において，「弁護士会照会を受けた公務所又は公私の団体は，正当な理由がない限り，照会された事項について報告をすべき」としながらも，「弁護士会照会に対する報告を受けることについて弁護士会が法律上保護される利益を有するものとは解されない」として，弁護士会に対する不法行為責任は否定する判決を言い渡している（最判平28・10・18裁判所HP〔平成27年（受）1036号〕）。

第2節

証拠の収集・保全

　証拠とは，認定の対象となる事実に関する裁判所の判断資料をいう[6]。証拠としては，人証（証人尋問，当事者尋問），書証，鑑定，検証がある。事実の立証は証拠に基づいて行うことから，証拠を提出できるか否かは，勝敗に大きく影響する。当方の主張を的確に裏付ける証拠をいかに集められるかで勝負が決まるといっても過言ではない。

　民事訴訟においては，争いのある事実に関して準備書面等で行う事実および法律上の主張は，あくまでも主張にすぎず，根拠となる証拠により証明されない限り，裁判所には事実としては認定されない（主張と証拠の分離）。たとえば，準備書面によって売買契約が成立したと主張しても，相手方が売買契約の成立を争った場合，契約書，または意思表示がなされたことを裏付ける証拠（直接証拠，間接証拠を問わない）が存在しない限り，当該売買契約の成立は認定されない。逆に，主張がされていない場合には，当該証拠から明らかに認定できる事実であったとしても，裁判所は弁論主義の適用により事実を認定することができない。すなわち，裁判所においては，売買契約書が提出されているにもかかわらず，売買契約の成立を主張しない場合には，売買契約が成立したとの事実認定は行わない（ただし，このようなわかりやすい場合には，実際には，裁判所が釈明することにより当事者が主張を補うことになるのが通常である）。

　このような，主張と立証の分離という観点からは，ヒアリング等により把握する事実関係は，裏付けとなる証拠が存在するか，という観点から慎重に吟味

6　伊藤眞『民事訴訟法（第4版補訂版）』（有斐閣，2014年）330頁。

し，証拠の存在を確認し収集・保全する必要がある。人の記憶は移ろいやすいものであるから，裏付けとなる証拠が存在しない場合には，ヒアリング等により把握した事実関係を疑うという視点も必要である。

1 書証の重要性

　書証とは，文書という証拠方法によりその思想内容を証拠資料とするために行われる証拠調べをいうが，民事訴訟実務の場では，証拠調べの対象となっている文書そのものを「書証」と呼んでいる（最判昭52・4・15民集31巻3号371頁）。そこで，以下では，書証とは「文書」を指しているものとして話を進めることにする。

　裁判所は，証人尋問が行われる時点において，それまでに提出された書証に基づいてほぼ心証を固めているといわれる。したがって，証拠の中でも，特に書証は他の証拠に比して重要性が高い。なかでも，企業が当事者となる場合，企業という当事者の性質上，重要な意思決定については報告書を作成したり，決裁をとったりすることが多いため，会社内部の意思決定が書面として残っていることが通常である。また，相手方とのやりとりについても，契約書や領収書等，書面を重視する傾向が強い。裁判所が以上のように事実認定にあたり書証を重視するのは書証の持つ証明力の強さに由来するところが大きい。証人や本人の供述は，証人等の現在の判断であって，証人等が過去の一定時点でいかなる認識を有し，当該認識に基づいてどのような判断をしたのかは容易に確定できない部分が存在する。これに対し，書証の成立が認められると，当該作成者が過去の一定時点にある法律上の行為をし（処分証書），または一定の事項について一定の認識なり意見を持っていたこと（報告文書）が確定するのである。つまり，書証の場合，文書作成時点で，書証に記載されている文字によってその内容を動かすことができない形で確定されているのである。このような書証の持つ特徴から裁判所の事実認定にあたっては書証が重視される。

　そのため，企業関係訴訟においては，きちんと書証を提出することにより，有利な結論を導き出すことができ，逆に，通常あるはずの書証が提出されない場合には，裁判所に不利な事実認定をされるということを覚悟しなければなら

ない。このように書証は、裁判所の事実認定に重大な影響を与えるのであって、紛争の帰趨を決する場合が多いということに留意しておく必要がある。

2 書証の分類

(1) 公文書と私文書

　公文書とは、公務員がその権限内の事項について正規の方式に従って職務上作成した文書のことをいい、それ以外の文書はすべて私文書という。

　公文書には、商業登記や登記識別情報（不動産登記法21条・22条）、公正証書（ただし、正規の方法に従って作成されたもののみ）、内容証明郵便の証明部分（その内容の文書が○年○月○日に受取人に到達したこと）等が含まれる。他方、内容証明郵便の通信部分は上記公文書の定義には入らず、私文書に該当する。このように、1つの文書の中に公文書部分と私文書部分が含まれる文書も多く存在する。

　公文書については、公の機関において保存されている場合も多く、こうした場合には、大規模災害などで失われる場合を除けば、散逸の心配はさほどない。ただし、公的機関の保存する公文書についても一定の保管期限を過ぎると処分されることがあるので、その点は留意が必要である。

　これに対し、手元にある公文書や私文書の場合には、その種類はさまざまであり、うっかり処分をしてしまいかねないものを含むことから、特に意識して保全を心がける必要がある。

　公文書と私文書とを区別するのは、もっぱら、文書の成立の推定の点にある。すなわち、公文書はその成立につき推定を受ける（民事訴訟法228条2項）のに対し、私文書にはその推定がない。私文書には作成者の署名や押印がされていることが多いが、民事訴訟法228条4項は、このような私文書については、その署名や押印が作成者の意思に基づいているのであれば、文書の成立が推定されるとしている。

(2) 処分証書と報告文書

① 処分証書

　処分証書とは，意思表示その他の法律行為が行われたことを示す文書である[7]。契約書，手形，解約通知書などがこれに該当する。また，借用書，受注書および発注書など一方当事者が差し入れる形式のものの中にも，これに該当するものがある。処分証書は，法律行為そのものが行われたことを示す文書であることから，裁判においては，非常に重要な書証となる。裁判では，処分証書が真正に成立している場合には（後記③参照），原則として当該処分証書に記載されているとおりの意思表示その他の法律行為の存在が認定されるため，非常に強い証拠力[8]を有している。実務では，時折，処分証書の上記機能を忘れて判断したため，経験則違背として破棄差し戻しされた事例をみることがある。たとえば，協定書，契約書があるにもかかわらず補償契約の成立を否定したことが違法とされた事例（最判昭42・12・21集民89号457頁）や，売買契約公正証書があるのに売買契約の成立を否定したことが違法とされた事例（最判昭45・11・26集民101号565頁）などがその例である。

　他方，特に企業を当事者とする訴訟の場合には，通常作成されるはずの処分証書が存在しないとなると，合理的な説明がない限り，当該法律行為は不存在だったのではないか，という方向に判断が傾きやすい。したがって，訴訟において意思表示その他の法律行為を立証する場合には，処分証書があれば，それは必ず提出し，これに基づき主張を構成すべきである。

② 報告文書

　これに対し，報告文書とは，作成者の見聞，判断，感想，記憶などが記載された文書である。預かり証，領収書，営業日誌，経理処理のための伝票その他会計帳簿等が含まれる。なお，パソコンで作成された書面に手書きのコメント等が含まれている場合，その手書き部分も報告文書として当然証拠となる。つまり，処分証書以外の書面は，概ねこれに分類される。

---

[7] 伊藤眞『民事訴訟法（第4版補訂版）』（有斐閣，2014年）400頁。

[8] 立証事項との関係で当該文書がどの程度の証拠価値を持つか，という問題。これに対し，特定の文書が証拠調べの対象になりうるか，という問題を証拠能力という。伊藤眞『民事訴訟法（第4版補訂版）』（有斐閣，2014年）401頁。

報告文書は，作成者の認識にすぎないため，処分証書とは証明力が異なるとされるが，その際，その文書の作成時期や方法，文書の性質などが証明力に大きく影響する。すなわち，処分証書は成立が認められる以上，実質的証拠力が認められる。これに対し，報告文書は，成立が認められても，実質的証拠力があるとは限らない。報告文書においては，実質的証拠力の強いものから弱いものまでバラエティに富んでおり，これを吟味して，証拠として提出するか否かを考えなくてはならない。たとえば，1000万円を支払ったという事実を立証するにあたって，支払日に作成された領収書と，支払日から数年後に作成された領収書では，同じ領収書であっても，当然ながら前者のほうが証明力が高い。また，有価証券報告書や税務申告書など，法律上，虚偽の記載が禁じられている書類については，基本的に内容が正しいという前提となるため証明力が高い。その他，営業日誌など，日々，ルーティンで作成されている文書も，その日にあったことを，記憶が新鮮なうちに作成しているものであるし，作成者の恣意（たとえば，訴訟で有利な証拠にしたいという思惑）も入らない文書であるから，相応の証明力がある。

　上記公文書と私文書の関係と同様，処分証書については，その性質上，誰の目から見ても保管が必要であると一見して明らかなものが多いのに対し，報告文書の中には，会議中に作成したメモ書き，パソコンで作成したプリント資料に鉛筆で書き込んだメモ等を含み，ややもすると処分してしまうものが多く存在していることから，紛争になる可能性が生じた段階で，関係者に対しては，可能な限り広い範囲で私文書の保存をするよう呼びかけることが望ましい。

　企業が当事者となる訴訟においては，報告文書のうち，相手方とのやりとりおよび社内における意思疎通・意思決定が特に重要な書証となる。当事者双方でどのようなやりとりがなされたか，また，当事者である企業の内部でどのような認識と理解を持っていたのかは，当事者の意思解釈を行うに大きく影響するからである。以下，この点について，説明する。

　(a) **相手方とのやりとり**（メール等）

　近時，企業間でのやりとりはメールで行われるケースが極めて多い。メールは，日時や送信者，配信先といった情報が記載されていることから，いつ，誰が，誰に対して，どのようなことを伝えたか，それに対してどのような返答が

あったかということが記載されている。また，メールには連続性があるため，実際にどのように事態が動いてきたのかがわかりやすい。メールに添付された契約書のドラフトを順番に見ていけば，どのような修正，コメントが付されながら最終版になっていったのかもわかる。したがって，たとえば，契約締結に至る経緯や，契約後の経緯といった「ストーリー」の部分の立証には非常に役立つ。また，契約条項の文言解釈が争点となった場合には，当該文言に至るまでのメールや修正のやりとりを提出することで，どういう解釈が適切かということの立証に役立てることもできる。

　また，相手とやりとりしたメール等は相手方にも保存されている可能性がある。したがって，仮にそのメールと異なることを主張すれば，そのメール等を証拠として提出され矛盾を突かれてしまう。その観点からすれば，メール等の相手方とのやりとりについては証拠として提出するだけではなく，訴訟戦略を検討するにあたっても重要な資料となる。

　なお，相手方とのやりとりについては，その作成時期もポイントの一つである。紛争になった後のやりとりについては，どうしても紛争に有利になるようにとか，不利にならないようにという意識が働きやすい。他方で，紛争になる前のメールでのやりとりについては，そういった意識が比較的働かず，差出人による恣意が入りにくい。そのため，紛争になる前のメールのほうが，相対的には証拠価値が高いことが多い。ただし，紛争になった後でも，作成者側が自己に不利なことを記載していれば，それは有力な証拠となる。なぜならば，紛争が発生した後は，メールを作成する者はできるだけ自己を防御しようとして自己に有利な事実を記載するのが通常であり，一般の人は，不利なことを記載した内容があれば，当該事実を否定しようがないからこそ，不利な事実を記載したと考える。また，裁判官も一般の人と同様に考えるのであり，紛争になったことを知りながら，不利なことを認めたメールは裁判所の心証に大きく影響するということに留意しておくことが必要である。証拠としてメールの提出を検討する際には，そういった点も意識する必要がある。

(b)　**社内での内部資料**（メール，会議議事録等）

　最近では，企業内でもメールで情報共有をしたり，データで報告書や議事録等を残していることも多い。たとえば，相手方と口頭でした面談の内容を社内

でメールで報告したり，議事録を作成して社内で共有・保管するといったことがある。その口頭で行われた面談内容を立証するようなケースでは，その報告用でやりとりをしたメールや議事録などは有力な証拠となる。

これらの内部資料のうち，紛争が始まる前に作成されたものは一定の証拠価値がある。すなわち，紛争が始まる前なので，内部資料であったとしても基本的には真実が記載されているとの推測が働くからである。他方で，紛争が始まった後に，そのことを知って作成された内部資料については，紛争に有利なように記載が切れている，あるいは不利な記載はあえてされていない可能性がある。そのため，そのような内部資料は証拠としての価値は乏しい。

このように，紛争が生じていない時点でも，社内でのやりとりを記録化しておくことは，将来，紛争が生じたときに役に立つことが多い。平時から社内での記録化は意識しておくことが望ましい。

(3) 原本，謄本，抄本，正本，副本

原本，謄本，抄本，正本，副本の区別は，同一内容の文書間の相互関係に基づく区別であって，作成者を基準に区別される。原本は，一定の思想を表現するというという目的の下に，最初に，かつ，確定的に作成された文書をいう。これに対し，謄本，抄本，正本は，原本の全部または一部を電磁的手段等で写したものであり，写しを行った者が作成者になる。そして，謄本は，原本の存在と内容を証明するために，原本の内容を全部写したものであり，抄本は一部分を写したものである。謄本のうち，公証の権限がある者（公証人，市町村長，裁判所書記官）が公証した旨付記した謄本を認証謄本と呼んでいる。

正本は，謄本と同様に原本を全部写したものであるが，原本と同じ効力を持たせるために公証権限のある者が作成したものであって，原本を保存していて外部に出せない場合に，原本と同一の効力を有するものを外部に交付するために作成する。たとえば，判決書などがその例である。正本と似たものとして副本があるが，副本は，原本そのものであるが，原本のうち，送達に用いられるものをいう。

初期段階で入手できる書面の多くは（公文書でない限り）原本となるものが多いであろう。

3 書証の成立の真正

　日本は世界でも希有な「ハンコ」社会と言われる。それでは，裁判において，名義人の押印のある文書と押印のない文書で証拠価値に差があるか。この点については，二段の推定という点を理解する必要がある。

　民事訴訟法では，書証として提出する文書については真正に成立したこと（偽造ではないこと）を証明しなければならないとされている（民事訴訟法228条１項）。そのうえで，本人または代理人の署名または押印がなされている私文書については真正に成立したものと推定している（同条４項）。法律上，「押印」があれば偽造ではないと推定されることになっているのである。

　もっとも，当該押印が名義人本人の意思に基づいてなされたものでなければ，この推定は働かない。そこで，本来であれば，その点の立証が必要であるが，「名義人本人の意思に基づいた」か否かの立証は容易ではない。そこで，最高裁は，私文書の印影が本人または代理人の印章によるものである場合には，反証がない限り，本人または代理人の意思に基づき成立したものと推定できると判示した（最判昭39・５・12民集18巻４号597頁）。すなわち，当該文書に押印されている印影が名義人が保有している印章による印影と一致した場合には，名義人が自分の意思に基づき押印したものと推定され（一段目の推定），その結果，文書全体が真正に成立されたものと推定される（二段目の推定）ことになる。これが「二段の推定」である。何故，このような「二段の推定」が認められているのかというと，我が国において，通常の一般人は，印鑑を大切に保管しており，自分の印鑑をみだりに第三者に預託することがないという経験則があり，文書に自らの印鑑の印影が顕出されている以上，特段の事情がない限り，その意思に基づいて押印されたものであるとの推認が働くというところに根拠があるのである。

　このように，名義人の押印のある文書については原則として成立の真正が認められる。特に実印の押印がある文書については，名義人が保有する印章による印影であることが確実であるから，「二段の推定」によりほぼ確実に成立の真正が認められる。その意味で，名義人の押印のある文書と押印のない文書で

は，成立の真正が認められやすいか否かという点では大きな違いがある。したがって，どの書証を提出するかということを検討する場合には，書面に押印があるか否かというが一つのポイントとなる。

　もっとも，実務的に，特に企業間の紛争に関しては，書証に関して成立の真正自体が争われるケースは多くない。そして，当事者間で特に成立の真正が争われない限り，裁判官は当該文書は真正に成立したという前提で証拠として採用する。その意味では，押印のない文書だからといって，必ずしも証拠価値が低いというわけではない。

4　書証の保全・収集の方法

(1)　当事者双方が保有している証拠

　当事者双方が保有している証拠としては，契約書，議事録等の文書が多いと思われる。これらの書証の取調べは，裁判官が文書を閲読し，その意味内容を証拠資料にすることにより行われる。

　これに対して，同じ文書に関する証拠調べであっても，裁判官が，その視覚，聴覚などの感覚作用によって書面の形状や色，筆跡または陰影の対照のために行う場合には，検証といわれる手続になる。

　文書は，裁判においては原則として原本を提出する必要があるので（民事訴訟規則143条1項），証拠を収集する際には，原本の確保をする必要がある[9]。

(2)　公の情報・入手可能な情報

　公の情報の中には，上記のような，インターネット上の情報の他，新聞，ニュースリリース，有価証券報告書，貸借対照表等，不動産登記情報，商業登記情報等が存在する。

　いずれについても，証拠とする場合には，情報を取得し，それをプリントアウトできるように保管しておく。なお，インターネット上で得た情報について

9　文書のみならず，不正競争防止法上の差止めの請求を行う場合の類似品等も，現物を示すことが非常に重要なため，可能な限り（写真だけではなく）検証の対象たる証拠方法（検証物）そのものを確保しておく必要がある。

は，ウェブサイト自体が閉鎖されたり，情報が修正されたりすることもあるため，スクリーンショットやPDFなどに落とし，保存をしておくべきである。

(3) 当事者の一方のみが保有している証拠

相手方しか保有していない証拠については，米国法のようなディスカバリー制度の存在しない日本法の下では，基本的に，当然の権利としては入手することはできない。しかし，裁判所を通じて，自社の手元にない証拠を入手する方法がある。

裁判所を通じた証拠入手の方法は，原則として証拠調べと位置付けられており，当事者による援用なしに裁判所において証拠として採用することとなる。

具体的な種類と方法については，後記**第3章第4節**を参照されたい。

(4) 電子証拠
① 電磁的記録の証拠化

情報技術の発展により，民事訴訟法が制定された当時には想定されていなかったさまざまな形態の物が証拠として用いられるようになっている。一般的なものとしてすぐに思い浮かぶのは，電子メールやインターネット上の情報であるが，それらに加えて，WordやExcel等の電子ファイル，音声，画像，動画等を含むパソコン上の情報等が挙げられる[10]。これらの情報は，従来，電子データであり改ざんが行われやすいと考えられており，その証拠価値に疑問を呈する考え方も強く残っていたが，昨今では状況が変化している。すなわち，電子データに関連して保存されるパソコン情報には，ファイルとして削除された情報やアクセスログも含まれるようになっていることから，そうした改ざん等の有無も含めて，デジタル・フォレンジックという方法を用いて立証が行われるようになっている。

10　これら情報技術の発展に対応するべく，民間事業者等が行う書面の保存等における情報通信の技術の利用に関する法律（平成16年法律149号）および民間事業者等が行う書面の保存等における情報通信の技術の利用に関する法律の施行に伴う関係法律の整備等に関する法律（平成16年法律150号。併せて「e文書法」と呼ばれる）が制定されており，法令上も，電子文書についての整備が行われるに至っている。

デジタル・フォレンジックとは、「インシデント・レスポンスや法的紛争・訴訟に対し、電磁的記録の証拠保全及び調査分析を行うとともに、電磁的記録の改ざん・毀損等についての分析・情報収集等を行う一連の科学的調査方法・技術」と定義されており[11]、言い換えれば、削除された情報やアクセスログ等、一切のデータをパソコン、サーバーなどの電子データが保存されている媒体から吸い上げ、これを専門家に復元・解析させることで、改ざん情報や削除履歴を含めた電磁的記録を証拠として提出する方法である。

このような証拠方法は、証拠の改ざんが行われやすいと考えられてきた医療過誤事案（患者の死亡後に電子カルテの改ざんが行われる場合等）の他、不正競争防止法事案（元従業員が在職中に会社の営業秘密を電子メールに添付する形で不正に取得または開示していた場合等）、ハラスメント事案（上司から部下に対して複数回に亘り卑猥な内容の電子メールを送付していた事例等）等、電子メールでのやりとりが重要な証拠となるにもかかわらず、削除や改ざんが行われやすい事案において、極めて有効である。

このように、電子データの改ざんが行われたことまたは行われていないことの立証が可能となったことにより、証拠の信用性が確保できるようになっている。ただし、デジタル・フォレンジックについては、専門家を介在させることに伴い、相応の費用が掛かるため、その利用については費用対効果を検討したうえで行うことになる。

なお、電子データを証拠として提出する際には、その情報や反訳内容を印字した紙媒体を提出することで、裁判所における取調べをスムーズに行うことができる（CDやDVD等の媒体と共に提出する場合もある）。

② 音声データの証拠能力

企業間の紛争であっても、「言った」「言わない」が問題となることがある。そのため、証拠保全の一方法として、相手方の同意なく、打合せや電話での会話を録音しておくということもある。

従来、二当事者間の会話について、相手方の同意なく録音し、その音声デー

---

[11] 佐々木良一監修『デジタル・フォレンジック事典（改訂版）』（日科技連出版社、2014年）5頁。

タを証拠とすることは適法であり，その音声データの証拠能力を認めることが一般的と考えられてきた（最判昭56・11・20刑集35巻8号797頁[12]，最判平12・7・12刑集54巻6号513頁[13]等）。

　しかし，昨今，そのような音声データの証拠能力について慎重に判断をし，これを否定した事案がある（東京高判平28・5・19ウエストロー2016WLJPCA05196004）。

　同事案では，セクハラを受けたと主張する大学の従業員が，ハラスメント防止委員会に申立てを行ったにもかかわらず，同委員会が適切な措置を執らず，また同委員会の審議において行われた侮辱しかつ名誉を棄損する発言により人格権の侵害を受けたこと等を主張して，損害賠償請求を行った。その際，同従業員がハラスメント防止委員会の審議の内容について同委員会に秘密で録音した音声データを証拠として提出した。裁判所は，以下のように判示して，当該音声データの証拠能力を否定した。

　「民事訴訟法は，自由心証主義を採用し（247条），一般的に証拠能力を制限する規定を設けていないことからすれば，違法収集証拠であっても，それだけで直ちに証拠能力が否定されることはないというべきである。しかしながら，いかなる違法収集証拠も証拠能力が否定されることはないとすると，私人による違法行為を助長し，法秩序の維持を目的とする裁判制度の趣旨に悖る結果ともなりかねないのであり，民事訴訟法における公正性の要請，当事者の信義誠実義務に照らすと，当該証拠の収集の方法及び態様，違法な違法収集証拠によって侵害される権利利益の要保護性，当該証拠の訴訟における証拠としての重要性等の諸般の事情を総合考慮し，当該証拠を採用することが訴訟上の信義則（民事訴訟法2条）に反するといえる場合には，例外として，当該違法収集証拠の証拠能力が否定されると解するのが相当である。」「…委員会の審議内容

12　新聞記者が取材の結果を正確に記録するために行った録音に関する事案で，相手方の同意を得ないで行った録音であっても「取材の結果を正確に記録しておくために録音したもの」であり，「対話者の一方が右のような事情のもとに会話やその場の状況を録音することは，たとえそれが相手方の同意を得ないで行われたものであっても，違法ではないと解すべきである」と判示されている。

13　詐欺の被害を受けたと考えた者が，相手方の説明内容に不審を抱き，後日の証拠とするために行った録音が問題となった事案である。

の秘密は，委員会制度の根幹に関わるものであって，特に保護の必要性の高いものであり，委員会の審議を無断録音することの違法性の程度は極めて高いものといえること，本件事案においては，本件録音体の証拠価値は乏しいものといえることに鑑みると，本件録音体の取得自体に控訴人が関与している場合は言うまでもなく，また，関与していない場合であっても，控訴人が本件録音体を証拠として提出することは，訴訟法上の信義則に反し許されないというべきであり，証拠として排除するのが相当である」。

上記判決は高裁の判断ではあるが，いかなる証拠についても証拠能力が認められるわけではないという判断が出されたことの実務上の意義は大きい。証拠方法の種類が増えた一方で，その具体的な証拠方法の取得および行使については，訴訟法上の信義則の原則が適用される可能性があることについて，常に意識をしておく必要がある。

5 証拠の作成

証拠の収集・保全という観点からは，上記のとおり，事実関係の調査に先立って，またはこれに伴い，事実関係の裏付けとなる資料（＝証拠）についてもある程度入手することができる。しかし，これに伴って取得できるのは，上記のような書証と物証等の非供述証拠だけである。

これに対して，ヒアリングで入手した事実関係や関係資料の読み方等は，これを証拠にして裁判所に提出する必要がある。ヒアリング対象者が証人として法廷で証言するのがその典型例ではあるが，当該対象者が協力してくれるとは限らないし，時間の経過によって当該対象者の記憶自体が失われることがある。

そこで，仮にヒアリング対象者が証人として協力してくれることが見込まれる場合であっても，重要な事実関係をヒアリングした場合には陳述書という形で作成をしたり，聴取報告書を作成しておくことが望ましい。また，主張において引用される証拠の読み方などを陳述書の形でまとめ，別紙として，金額や数値の一覧を証拠して説明をすることも有用である。

なお，証人尋問に先立って提出される陳述書の作成の際の留意点については，特に**第4章第2節**を参照されたい。

6 時系列表等の作成

　前記第1節および第2節①〜⑤に記載の作業や手続を繰り返すことにより収集・取得した事実関係および証拠は，時系列表として整理しておくことが望ましい。裁判における事実認定には，事実関係の存在や内容だけではなく，その順序が判断の決め手となることが往々にしてあるからである。たとえば，製造物責任保険の保険金請求事件において，増産を決定したという事実と製品の欠陥を認識するようなクレームを認知したという事実の存否はいずれも重要であるが，その先後関係によって，保険金請求における故意免責が認められるか否かの判断は大きく異なってくる。このように，手元にある事実関係と証拠を一覧化できる時系列表は，前記第1節で説明した関係者や証拠のリストと相まって，その後の訴訟方針の検討をするにあたって非常に重要な指針となる。

　時系列表の作成の仕方はさまざまであるが，収集した事実とそれを裏付ける証拠（根拠）を併せてリスト化し，情報を一元化することができる。当事者間で特に争いのない事実はそのことがわかるように，また，争点となる要件事実や重要な間接事実については太字で記載したり，証拠の該当箇所のページを書き加えたりする等の工夫も有益であろう。

　また，関係当事者が多い場合には，各当事者の関係によって時系列表を分けて作成したり，相手方の主張が大きく異なっていたりする場合には，当方の認識と相手方の主張を並べて記載することも有用である。

【時系列表サンプル】

年	月	日	事実関係	根拠資料
2001	7	2	A社→B社，賃貸借契約締結 ・期間：●年●月●日〜●月●日 ・賃料：月額●万円 ・保証金：●●万円を無利息で預託 ・中途解約：可。6カ月前通知 ※この時点ではA社はB社の100％子会社	2001.7.2付賃貸借契約書

2010	4	1	B社→C，A社株に関する売買契約書 ・価額：●万円 ・クロージング日：●年●月●日 …	2010.4.1付株式売買契約書
-	10	1	B社，A社株に関する売買契約を解除 …	2010.10.1付解除通知書

(以下，略)

時系列の他にも，複数の契約書間で規定に齟齬がある場合等は，契約書比較表等を作成しておくのもよい。

重要なのは，収集した事実関係と証拠の一元化であり，訴訟前から訴訟手続中にかけて，入手する事実関係と証拠が増えていくとともに逐次アップデートしていくことが望ましい。

第3節

法令および判例等のリサーチ

　事実および証拠の収集を行う中で，ある程度「生の事実」を把握し，どのような法的構成で主張を組み立てるかのめどをつけることができるようになった段階で，法令や判例の調査が必要となる。

　法令や判例の調査は，当然ながら，訴訟の進行に応じ，訴訟の過程においても行う必要があるが，訴訟前の準備として，事件に関連する法的な問題点をよく理解し，それに基づき訴訟の見通しを把握しておくことが肝要である。この見通しがどのように事件を進めるか（訴訟に踏み切るのか，訴訟前の解決を目指すのか等）の判断にあたって最も重要なポイントの一つになるからである。

　訴訟まで念頭においている事件では，多くの場合では訴訟代理人となる弁護士が重要な法令および判例等のリサーチを行う。しかし，法務担当者も，弁護士の見解に依拠することなく弁護士のリサーチ結果を把握・分析し，また，必要に応じ自らもリサーチを行うなどして，十分に事件に関する法的な問題点をよく理解しておくことが必要である。

　その際の観点であるが，第一歩は，当該事案に適用される法令を確定することである。判例等も重要であるが，我が国は判例法主義ではなく制定法主義であるから，まずはどの法令の解釈適用が問題となるのかを確認する必要がある。事案によっては，どの法律のどの条文が問題になるのかがわかりやすく，この確認には苦労しないこともあるが，十分に事実関係が把握されていなかったり，複雑な問題であったりするなどの事情により，この確認が不十分のままに調査が進んでしまうことがある。適用法令の確認が不十分であれば，必然的にリサーチに漏れが生じ，法的な問題点の理解が不完全なものになってしまうので，慎重に行う必要がある。

当該事案に適用される法令が確定できれば，コンメンタールなどを参照し，その法令の解釈についての理解を深める。また，関連する通達などがあれば，それも把握する必要がある。

そのうえで，次に調査の対象となるのは判例である。適用法令に関する重要判例は，コンメンタール等でも言及されているので，そこからたどることができ，また，近時はインターネット検索も充実しているので，漏れがないように判例のリサーチを行う。なかでも最も重要なのは，最高裁判例である。最高裁判例は，これと相反する判断がある事件について，法令の解釈に重要な事項を含むものとして上告受理の理由とされている（民事訴訟法318条1項参照）ように，裁判所が判断をするにあたっても最も重要なよりどころとされている。最高裁判例の中でも特に重要な判例については，公式の判例集（最高裁判所民事判例集（民集））に登載されており，最高裁判所調査官による解説（最高裁判所判例解説）がなされている。民集登載判例については，必ず最高裁判所判例解説にあたり，判例の事案の概要，判例の射程の範囲等をよく理解する必要がある。最高裁判所判例解説では，関連する学説や裁判例などについても広く言及され，多くの参考文献が挙げられており，非常に参考になる。

こうして関連する法令および判例等のリサーチを行うと，法的な問題点が把握され，当初の事実調査では着目していなかった事実関係が重要なものであることがわかることもある。その場合は，さらにその事実関係を深掘りする事実調査を行うことになる（そのため，効率的に事実関係の調査を進めるには，事実関係の概略がわかった段階で，一通りの法令および判例等の調査を行ったほうがよい）。そして，その結果を踏まえて，再度，法的なリサーチを行い……と，事実関係の調査と法令および判例等のリサーチは有機的に結合していることが望ましい。

企業間の複雑な紛争においては，その事案にぴたりとあてはまるような判例や法理論が存在しないことも多い。こうした場合には，既存の判例等の内容から，裁判所がどのように事案を見て，法令を解釈適用するのか推測していくことが必要になる。

法令および判例等のリサーチにあたり，留意すべきは，「原典にあたる」ことである。すなわち，法律雑誌や書籍，論文など，法務担当者が普段触れる文

献において引用されている裁判例についての記載は，必ずしも正確とは限らない。そのため，判例雑誌（判例タイムズ，法律時報，金融法務事情，金融・商事判例等）や，判例検索データベース（裁判所のウェブサイト，判例秘書，ウエストロー等）を利用し，原典を確認することが重要である。同様に，論文で引用されている論文や書籍についても，原典で述べられている趣旨を網羅しているとは限らないことから，必ず原典にあたり確認することが必要である。

第4節

民事保全の検討

1　民事保全の意義

　主に自ら訴訟等を提起する場合であるが，訴訟等の法的手続に備えた準備をするにあたり，自己の権利の実現を保全するために，民事保全を行っておく必要がないかを検討する必要がある。

　訴訟に勝訴する見込みがある場合であっても，訴えの提起から第1審判決を得るまででも，短くても数カ月，長ければ数年といった期間がかかる。控訴審，上告審と続けば，さらに時間がかかる。

　勝訴判決を勝ち取った後，相手方が自発的に債務を履行しなければ，自己の請求権を実現するために強制執行を行うことになるが，訴訟で争っている間に，相手方が一般財産や請求権の目的物（不動産の引渡請求の場合の不動産など）を譲渡・隠匿・毀滅する可能性は否定できない。強制執行を逃れるために，相手方が意図的にこうした行為に及ぶことには警戒しなければならないし，また，意図的ではなくても，訴訟等を行っている間に，相手方の財産状態が悪くなるということはままあることである。大企業同士の訴訟であれば，そのような心配は無用のこともあるが，個人や中小企業，上場企業であっても必ずしも経営状況がよくない企業などを相手方とする場合には，常に生じる心配である。たとえば，1億円を請求して全面勝訴しても，その時点で相手方に財産がなければ，結局1円も回収できないかも知れず，勝訴判決は絵に描いた餅に終わる危険性がある。

　訴訟の終了までに時間がかかることで，それ自体によって多大な損害が生じたり，そもそも訴訟等を起こす目的が達成できなくなる場合もあり得る。

民事保全とは，こうした事態を避けるために，暫定的に一定の権能や地位を認めるための制度である。

2　民事保全の種類

民事保全の種類としては，仮差押え，係争物に関する仮処分，仮の地位を定める仮処分の3種類がある。

仮差押えは，金銭の支払を目的とする債権について，強制執行をすることができなくなるおそれがあるとき，または強制執行をするのに著しい困難が生じるおそれがあるときに認められる（民事保全法20条1項）。相手方に対して金銭債権を有する場合に，相手方が財産を隠匿することや，費消してしまうことを避けるために，相手方の特定の財産について，その現状を維持する手段である。たとえば，貸金請求や損害賠償請求を行う場合に備え，相手方の預金債権や不動産を仮差押えすることがある。相手方は，預金債権について仮差押えを受けた場合，仮差押えを受けた範囲で預金を引き出すことができなくなり，また，不動産の仮差押えの場合には，第三者にその不動産を譲渡したとしても，強制執行（本執行）の場合には，その譲渡の効力が否定されることとなる。

係争物に関する仮処分は，現状の変更により，債権者が権利を実行することができなくなるおそれがあるとき，または権利を実行するのに著しい困難があるときに認められる（民事保全法23条1項）。相手方の特定の物についての給付請求権を有する場合に，相手方がその物の物理的または法律的な状態を変更することによって将来の権利実行が困難になることを避けるために，当該物の現状を維持する手段である。たとえば，不動産の登記請求権を保全するための処分禁止の仮処分や，不動産や動産の引渡請求権を保全するために占有移転禁止の仮処分などがある。不動産の処分禁止の仮処分を受けた場合，当該不動産を第三者に譲渡しても，その第三者は債権者に対して，その譲渡の効力を対抗できないし，また，占有移転禁止の仮処分を受けた場合，第三者に占有が移転されたとしても，債権者は当該第三者に対して不動産・動産の引渡しを請求することができる。

仮の地位を定める仮処分は，争いがある権利関係について債権者に生じる著

しい損害または急迫の危険を避けるために必要なときに認められる（民事保全法23条2項）。権利関係に争いがある場合に，暫定的な法律状態を形成して，この権利関係を維持することによって，現在の危険や不安を除去するための手段である。仮差押えおよび係争物に関する仮処分が現状維持によって将来の権利実現の保全を図るものであるのに対し，仮の地位を定める仮処分は，現状維持ではなく，現状とは必ずしも一致しない暫定的な法律関係が形成される点が特徴である。たとえば，動産の引渡請求権を保全するために，その動産の引渡し自体を認める引渡断行の仮処分や，日照権等を保全するために，建築物の建築差止めを認める仮処分，解雇された労働者が賃金債権を保全するために，解雇の無効を前提に賃金の仮払を認める仮処分などがある。この仮の地位を定める仮処分では，現状維持とは異なる暫定的な法律関係が形成されることもあるため，訴訟によって権利が実現されたのと同様の効果を発生させる場合もある（このようなものは「満足的仮処分」と呼ばれ，特に強い保全の必要性が要求される）。

3　民事保全の手続

　民事保全手続は，裁判所に対する保全命令の申立てによって行われる。申立人は，申立てにあたり，保全すべき権利または権利関係，および，保全の必要性を明らかにし，これを疎明しなければならない（民事保全法13条）。「疎明」とは，当事者の主張が一応確からしいという心証を裁判官に与えることで足り，その主張が確実であるとの心証を与える挙証である「証明」よりも裁判官に与えるべき心証の程度が低い。これは，民事保全の暫定性と緊急性に由来すると言われる[14]。

　民事保全の手続の特徴の一つは，その迅速性である。一般的には，仮差押えや，係争物に関する仮処分であれば，申立てから数日間で結論が出る。仮差押えや係争物に関する仮処分では，法律上，訴訟とは異なって口頭弁論を経る必要もないし，相手方が立ち会う審尋を行う必要もない（民事保全法3条・23条

14　瀬木比呂志『民事保全法入門』（判例タイムズ社，2011年）99頁など。

4項参照)。実際にも、仮差押えおよび係争物に関する仮処分の申立てでは、相手方に察知されることで防衛手段を取られてしまうおそれがあることから、申立人の提出した申立書および疎明資料と、申立人に対する審尋のみで決定がされることが通常である(この審尋の際に、裁判所が申立てが認められないとの心証を有していることがわかれば、申立てが取り下げられることが一般的であり、この場合、相手方は申立てがあったこと自体も知らないままとなる)。

これに対し、仮の地位を定める仮処分は、原則として、口頭弁論または債務者が立ち会うことができる審尋を経なければならず(民事保全法23条4項)、双方で主張立証の応酬が行われることが通常である。そのため、数カ月の期間を要することも稀ではないが、それでも、短期間で集中的に審理され、通常の訴訟手続に比較すれば相当早いタイミングで裁判所の結論が出される。

こうした迅速な手続であることから、民事保全を行うのであれば、そのための準備も集中的に、短期間で行うことが必要であり、企業としても代理人弁護士と協働して、必要な資料の収集や関係者の報告書の作成など、迅速に、臨機応変な対応が求められることになる。

4 民事保全の検討・準備

(1) 民事保全の要否

訴訟の究極の目的は自己の権利の実現であるが、実際には権利が実現できないのでは訴訟を提起する意味がない。すなわち、勝訴しても、強制執行ができなかったり、または、すでにそのときには多大な損害が発生していたり、権利を実現することに意味がなくなってしまっていたりするようでは、時間と費用の浪費である。

このようなおそれがある事案では、原則として、民事保全を行うことを前向きに検討すべきである。

もっとも、民事保全を行うにあたっては、下記のとおり担保金等を準備することが必要になるし、また、後日になって被保全権利が否定される(訴訟で負ける)ことがあれば、相手方から損害賠償を請求される可能性もあるので、訴訟係属中に強制執行が難しくなるような事情(財産の隠匿、相手方の経済状況

の悪化等）が生じるリスクの多寡や，被保全権利や保全の必要性の強弱などを考慮して，慎重な検討を行うことが必要である。

　事案によっては，申立てを行えば保全命令が出され得る事案であっても，民事保全は行わないという判断となる事案もある。反対に，相手方の重要な財産を押さえてしまうことで，その後の訴訟や交渉を有利に展開し，場合によっては，一気に紛争を解決する道筋ができることもあるので，多少難しい事案でも果敢にチャレンジをすることもある。弁護士とメリット，デメリットを議論して，よく検討しなければならない。

　民事保全のタイミングとしては，訴訟提起前に行うことが多いが，訴訟提起後でも，状況の変化に応じて，保全の必要性があると考えれば，民事保全を検討したほうがよい。

(2) 保全すべき権利と保全の必要性の検討

　民事保全の具体的な検討・準備であるが，前述のとおり，保全命令の申立てにあたっては，保全すべき権利または権利関係（被保全権利）と保全の必要性を明らかにし，これを疎明しなければならないので，最初に行うべきは，被保全権利と保全の必要性の検討である。

　まず被保全権利であるが，これは訴訟で請求することになる実体法上の権利または請求権であり，その検討・準備は，基本的には，事実関係の調査および証拠の収集・保全を踏まえた法的な判断であり，訴訟の準備・検討そのものとほぼ一致する。ただし，事案によっては，緊急に民事保全を行っておく必要があり，じっくりと訴訟に備えた準備・検討をする時間もないことがあり得る。被保全権利を疎明するに足りる範囲で，最小限の事実関係の調査および証拠の収集・保全を行うことになる。

　次に保全の必要性であるが，貸金返還，損害賠償請求等の金銭請求であれば，請求金額との兼ね合いにもよるが，よほど信用力のある相手方でなければ，財産の隠匿・費消によって強制執行が困難になるおそれは常に否定できない。まずは相手方の財産状況を確認し，同時に，不動産，動産，預金など仮差押えの対象となる財産がないかを調査する必要がある。調査の方法としては，相手方が所有していると思われる不動産の登記を確認するなどが基本となる。相手方

が上場企業であれば，有価証券報告書などで基本的な事項は確認ができる。また，有価証券報告書などを発行していない主に中小規模の企業が相手方の場合には，民間の信用調査会社の調査結果を入手しておいたほうがよい。ウェブページを作成している企業については，参考になる情報があるかもしれないので，一通り確認をしておくべきである。預金などは，企業によっては，ウェブページに取引銀行を支店名まで記載していることもある。

不動産や動産の引渡請求など，特定の係争物に対する執行が問題となる事案であれば，訴訟を行っている間に係争物が第三者に渡ってしまえば元も子もないので，多くの場合には，保全の必要性があるであろう。

このように，金銭請求（仮差押え）および特定の係争物に関する請求（係争物に関する仮処分）の関係では，保全の必要性を比較的定型的に判断することが可能であるが，仮の地位を定める仮処分の保全の必要性については，事態がどの程度切迫をしているのかを個別の具体的な事案ごとに判断する必要がある。

(3) 担保についての検討

裁判所は保全命令の発令にあたり，申立人に担保（民事保全法14条1項）を立てさせることが通常である。担保の額は，当該事件の具体的な事情を考慮して裁判所の自由な裁量により決定されるが，各事件の類型ごとに一応の相場と言われるものがある（42頁以下の担保基準の表参照[15]）。

担保提供の方法は，金銭の供託，有価証券の供託，銀行等との間の支払保証委託契約の締結などがあるが（民事保全法4条，民事保全規則2条），実務的には，ほとんどの場合，金銭の供託によっている。

この担保については，勝訴すれば担保の取戻しが可能であるが，原則として，訴訟が終了するまでの間は担保を取り戻すことはできず，会社の運転資金を寝かせることとなり，それなりに負担となり得る。そのようなことも，保全の必要性の程度との兼ね合いで，民事保全の要否を判断する必要がある。

---

15 司法研修所編『民事弁護教材　改訂　民事保全（補正版）』（司法研修所，2005年）28頁～31頁より引用。数値は目的物の価格に対する担保額の比率（パーセント）である。

第1章　法的手続前の準備

【仮差押えの担保基準】

被保全債権 \ 目的物	動産	不動産	債権				自動車*		
			預金給料	敷金・保証金預託金供託金	その他		登録	取上げ	併用
手形金・小切手金	10〜25	10〜20	10〜25	10〜20	10〜25		10〜20	15〜25	20〜30
貸金・賃料売買代金その他	10〜30	10〜25	10〜30	10〜25	10〜30		15〜25	25〜30	30〜40
交通事故損害賠償	5〜20	5〜15	10〜25	5〜15	5〜20		5〜15	10〜20	15〜25
その他損害賠償	20〜30	15〜30	25〜35	15〜30	20〜30		15〜25	20〜30	25〜35
詐害行為取消権	20〜30	15〜35	20〜40				15〜35		
財産分与	10〜15	5〜15	10〜15				10〜15		
離婚に伴う慰謝料	10〜20	5〜20	10〜20				10〜20		

　＊　船舶についても自動車に対する場合の基準を準用する。なお，自動車や船舶国籍証書等の取上げによる執行を求めるためには，発令段階において一定の要件を満たすことが必要とされている（民事保全規則33条・38条により準用される同規則32条2項参照）。

【処分禁止の仮処分の担保基準】

被保全権利 \ 目的物	不動産[*1]	抵当権[*1]	商品・機械	有価証券	自動車	その他の財産権[*2]
所有権・登記請求	10〜20	10〜20	15〜25	10〜20	10〜25	5〜30
賃貸借契約終了	建物につき15〜30	−	20〜30	−	15〜30	−
詐害行為取消権	20〜40	20〜30	25〜40	20〜40		
財産分与請求権	5〜15	10〜15				
その他の債権	10〜30	−	10〜20	10〜30		

　＊1　仮登記上の権利は，それぞれの本権に準じて算定する。
　＊2　その他の財産権には，電話加入権やゴルフ会員権などを含む。

第4節　民事保全の検討

【占有移転禁止・引渡断行の仮処分の担保基準】

		占有移転禁止			引渡断行
		債務者使用	執行官保管のみ*5	債権者使用	
動産	契約当事者*1	15	30	50	60
	第三者*2	25	40	60	70
不動産	土地・建物	1～5	10～20	20～30	30～
	住居賃料基準*3	1～3カ月分	12カ月分	18カ月分	24カ月分～
	店舗賃料基準*4	2～5カ月分			

*1　動産の場合の債権者と債務者との間に契約関係がある場合に適用する。
*2　動産の場合の債権者と債務者との間に契約関係がない場合に適用する。
*3　建物が住居の場合，最近は，その住居の適正賃料を基本として担保額を決定する例が多い。
*4　建物が店舗の場合，最近は，その店舗の適正賃料を基本として担保額を決定する例が多い。
*5　執行官保管のみの仮処分の場合には，実際の保管に困難をきたす場合が多いので，発令された場合に備えて予め執行官と打合せをしておく等の配慮が必要である。

【仮の地位を定める仮処分の担保基準】

	債権額	目的物価格	建築費等	その他
交通事故による金員仮払	0～15			
抵当権実行禁止*1	30～80	30～80		
占有使用妨害禁止		5～20		
通行妨害禁止		5～20		
立入禁止*2		5～20		
工作物撤去		5～20		賃料12カ月分
工作物建築禁止		5～20	5～20	
建物建築禁止			20～50	
建物建築妨害禁止			10～30	
出版・放送禁止				0～500万円*3
街頭宣伝活動禁止				0～20万円*3
家庭内暴力・ストーカー				0～50万円*3

*1　抵当権実行禁止は，原則として債権額か目的物価格のいずれか低い額を基準とする。ただし，対象が建物の場合には土地の利用権価格を含める。対象が一団の複数の土地の一部の場合には，土地全体の価格を適宜考慮する。
*2　立入禁止の対象が賃貸建物の場合には，原則として賃料相当額を基準とする。
*3　これらの申立てで，債務者がすでに同様の禁止を命じられているのに実質的にこれに反する行為をしている場合には，無担保も検討する。

(4) 申立書および疎明方法の検討・準備

　以上を検討した結果，被保全権利と保全の必要性が認められ，また，担保も用意できるとの判断に至れば，申立書と疎明資料を準備して，裁判所に提出する。

　申立書には，申立ての趣旨（求める民事保全の内容）と，被保全権利と保全の必要性を中心にした申立人の主張を記載する。この際，相手方の主張をどの程度記載するかは悩ましい問題である。前述のとおり，仮差押えと係争物に関する仮処分では，申立人の提出した申立書および疎明資料と，申立人に対する審尋のみで決定がされることが通常である。申立人から見れば，申立人の一方的な主張と疎明によって決定を得ることができるのは利点であるが，経験上，申立人に対する審尋では，申立て前の相手方との交渉経緯について聞かれることが多い。

　また，相手方がすでに意味のある反論を行っている場合に，それを意図的に隠して保全命令を取得すれば，保全異議や保全抗告によって，保全命令が取り消されることになり得るし，アンフェアなことをしたことで，後に訴訟提起した場合の裁判所の心証にも影響を与えかねない。結論的には，相手方の主張が判明していれば，簡潔にその主張に触れ，反論をしておいたほうがよいであろう。

　疎明の方法であるが，疎明は，即時に取り調べることができる証拠によってしなければならないので（民事訴訟法188条），疎明方法は文書や証拠物が原則となる。基本的には，仮の地位を定める仮処分以外は，書面審査および申立人に対する審尋のみの手続であるので，重要な処分文書や報告文書は提出して，文書による証拠が十分に揃っている状態にする必要がある。

　任意的口頭弁論を開催すれば，証人尋問や本人尋問もできなくはないが，少

なくとも，仮差押えや係争物に関する仮処分では，申立人側に敢えて口頭弁論を開催してもらうメリットはほとんどない。申立人本人や関係者の供述が必要な場合には，報告書の形式にして，文書として証拠提出する。ほとんどの事案では，申立人本人（会社であれば，担当者）の報告書が作成され，提出されている。

(5) 審尋等

　申立書と疎明資料を裁判所に提出した後は，裁判所が審理を行って決定をする。仮の地位を定める仮処分では，口頭弁論または相手方の立ち会う審尋が開催され（民事保全法23条4項），双方の主張立証の応酬が行われたうえで，裁判所が決定をすることになる。通常の訴訟と比較すると，かなり短い期間に集中して審理が行われるため，当事者も準備に追われることになるので，覚悟が必要である。防御側の場合には，嫌がらせのように，ゴールデンウィークや年末年始の直前に仮処分申立てがなされることもあるので，仮処分申立てがされる可能性がある場合（たとえば，解雇した従業員との事前交渉が決裂した場合など）には，その可能性を念頭に置いておく必要がある。

　仮差押えと係争物に関する仮処分では，申立人の提出した申立書および疎明資料に対する書面審査が中心である。申立人に対する審尋を行うか否かは裁判所の運用によっても異なるが，東京地方裁判所では，全件で申立人に対する審尋が実施されている。申立人本人や会社担当者も出席してもよいが，代理人弁護士のみが出席している場合も多い。裁判所が保全命令を発令する場合には，この審尋で，担保の交渉も行い，その場で担保の金額が決定され，担保提供（通常は供託）が完了した段階で，保全命令が発令されることが一般的である。

　保全命令が発令されれば，相手方に保全命令が送達される。タイミングとしては，相手方が保全命令の執行を妨害することがないように，保全執行が完了した後に相手方への送達が行われるのが実務の運用である（民事保全法43条3項参照）。たとえば，預金の仮差押えの場合には，第三債務者である当該預金のある銀行の支店などに対し債務者（相手方）への弁済を禁止する命令（仮差押決定正本）が送達されてから，また，不動産の仮差押えや処分禁止の仮処分については，当該保全処分にかかる登記がされてから（民事保全法47条1項・

53条1項），相手方に保全命令が送達される。

5　裁判所の決定に対する対応等

　裁判所が保全命令を却下した場合の申立人の対応としては，告知を受けた日から2週間以内に，即時抗告の申立て（民事保全法19条）をすることがあり得る。もっとも，相手方に対する審尋が必ずしも実施されず，相手方が手続に関与しないことが多い仮差押え申立て事件などでは，申立人に対する審尋で保全命令を認めない裁判所の心証が明らかにされれば，申立人が自発的に申立てを取り下げるのが通常である。

　また，債務者（相手方）の申立てがあった場合には，裁判所から，債権者（申立人）に対し，2週間以上の一定の期間内に（1カ月程度とされることが多い），本案の訴え（本訴）を提起することが命じられる。これを起訴命令と呼んでいる。この期間内に本訴を提起しない場合には，保全命令が取り消されることになる（民事保全法37条）。

　他方，保全命令が発令された場合の債務者（相手方）の不服申立手段としては，保全異議の申立て（民事保全法26条以下），保全取消しの申立て（民事保全法37条以下）がある。

　保全異議は，被保全権利または保全の必要性の不存在を理由として，保全命令を争うもので，保全命令を発した原裁判所が審理を行う。裁判所は，審理の結果，異議を認める場合には，保全命令を変更し，または，取り消す。異議を認めない場合には，保全命令を認可することになる（民事保全法32条1項）。

　保全取消しには，上記の本案の訴えの不提起等による保全取消し（民事保全法37条），事情の変更による保全取消し（民事保全法38条），特別の事情による保全取消し（民事保全法39条）の3つの類型がある。

　保全異議との違いは，保全異議が被保全権利や保全の必要性の再審理を行う手続であるのに対し，保全取消しは，保全命令発令後の事情や，保全命令発令時にも存在していたが当時知ることのできなかった事情や，保全命令発令時には疎明することのできなかった事情に基づき保全命令の取消しを求める手続であることである。

保全異議または保全取消しにおける裁判所の決定に対しては，不服のある当事者は，決定の送達から2週間以内に，保全抗告（民事保全法41条1項）により争うことができる。再抗告は，禁止されている（同条3項）。

第5節

法的手続の選択

1 手続選択における視点

　企業が紛争の当事者となる場合の多くには，相手方との取引や交渉等，背景事情や経緯が存在しており，「紛争になること」は，ただちに「訴訟になること」を意味するものではない。特に，相手方との他の取引に与える影響や，双方の社会的な地位や株価，レピュテーション等に与える影響に鑑み，あえて訴訟にしないという選択は十分にあり得る。他方で，同種の取引に影響を及ぼす等の理由から，公開の場で白黒はっきりさせなければならないという場合もある。

　紛争の予兆として，クレームや警告書が届いたり，相手方の不払，倒産等さまざまな事情がある。会社においては，これらの事情が発生した場合には，ただちに法務担当者に連絡をするよう周知徹底しておくことで，最終的な紛争にまで進まずに済む可能性がある。

　以下では，企業を当事者とする紛争において利用できる紛争解決手段について解説する。

2 訴訟・非訟

(1) 訴訟・非訟の種類と特徴

　訴訟事件とは，裁判所が当事者の意思いかんにかかわらず，終局的に事実を確定し当事者の主張する実体的権利義務の存否を確定することを目的とする事件をいう[16]。訴訟は，公開が原則とされており（憲法82条1項），基本的には公

開の法廷で行われる。

　非訟事件とは，私人の保護，助成ないし監督という国家の目的を達成するために，裁判所が国家機関として有する形成機能を発動して，私人の権利関係の変動に乗り出す事件であり[17]，裁判所が管轄する，裁判所が判断することを目的とする事件から訴訟事件を除いたものをいう。非訟は非公開が原則とされており（非訟事件手続法30条本文），また書面と書証のやりとりだけで期日が開催されないこともある。また，仮に審尋期日が開催されたとしても，基本的に法廷ではない審尋室において当事者のみが出席して行われる。

　企業が関与する可能性の高い訴訟事件・非訟事件には，主に以下のような種類がある。

①　通常訴訟

　一般的な訴訟手続であり，訴訟物の金額が140万円を超える場合および不動産に関する訴訟については地方裁判所に，140万円を超えない場合は簡易裁判所に訴えを提起することになる（裁判所法24条1号・33条1項1号）。

　訴状および答弁書の提出，第1回口頭弁論期日に始まり，その後の書面の応酬を前提とした弁論準備期日，証人尋問期日，和解勧告，結審，判決と続くもっとも一般的な訴訟の形態である。

　企業における紛争で最も多いのは通常訴訟であろう。通常訴訟は，紛争解決のための基本的な裁判手続である。

②　手形・小切手訴訟（民事訴訟法350条以下）

　原告となる当事者の選択により，通常訴訟よりも簡易迅速に債務名義となる判決を取得することを目的とする特別の訴訟手続であり，訴訟の目的は，手形・小切手による金銭の支払請求とこれに伴う法定利率による損害賠償請求に限定される（民事訴訟法350条1項・367条1項）。

　最初の口頭弁論期日で審理を完了するという一期日審理の原則（民事訴訟規則214条）が採用されている。また，原則として証拠となるのは書証のみとされ（民事訴訟法352条1項・367条2項），例外的に文書の成立の真否および手形・

16　最決昭45・6・24民集24巻6号610頁。
17　広島高判昭36・5・26高民集14巻3号24頁。

第 1 章　法的手続前の準備

小切手の提示（呈示）に関する事実について当事者本人の尋問が許される（民事訴訟法352条3項・367条2項）。他方で，請求を認容する場合の判決には，職権で必ず仮執行の宣言が付される（民事訴訟法259条2項）。判決に対する不服申立ては，異議申立てのみ可能とされている（民事訴訟法356条・357条・367条2項。ただし，訴えを却下する手形・小切手判決を除く）。

③　少額訴訟（民事訴訟法368条以下）

60万円以下の金銭の支払を求める場合に限り利用することができる特殊な訴訟で，簡易裁判所に対し，訴えを申し立てる。企業においても，たとえば，クレジット債権や手数料債権の回収など消費者との契約に基づく訴訟などでは少額訴訟が利用されることもある。

手形・小切手訴訟と同様，一期日審理の原則が採用されている（民事訴訟法370条）。反訴が禁止され（民事訴訟法369条），証拠調べが制限される（民事訴訟法371条）。また，請求を認容する場合であっても，分割払，支払猶予，遅延損害金免除等の判決が出されることがある一方で（民事訴訟法375条），請求認容判決には必ず仮執行宣言が付される（民事訴訟法376条）。また，判決に対する不服申立ては，異議申立てのみ可能とされている（民事訴訟法377条・378条）。このような少額訴訟の特徴に照らし，早期解決を望む場合に選択肢の一つと考えられる。

このようなさまざまな制約が存在することもあり，被告は，第1回口頭弁論終了までは，通常訴訟に移行させることができ（民事訴訟法373条1項・2項），その場合，すでに指定された期日は，通常の手続のために行われたものとみなされる（民事訴訟法373条5項）。たとえば，企業が消費者から少額訴訟を提起されたというような場合，当該消費者との間では少額訴訟の対象となっても，約款の有効性や解釈が争点となるのであれば，その背後に何千人，何万人という潜在的な紛争当事者を抱えていることになる。そのような場合には，企業としては通常訴訟に移行させることになろう。

④　消費者集団訴訟（消費者裁判手続特例法）

平成25年12月に成立した「消費者の財産的被害の集団的な回復のための民事の裁判手続の特例に関する法律」によって新たに創設された訴訟類型であり，「日本版クラスアクション」とも呼ばれている。

(a) 消費者集団訴訟の対象となる請求

消費者集団訴訟の対象となる請求は，一定の要件および類型によって限定されている。

まず，「金銭の支払義務である」ことが要件とされている。たとえば，物の瑕疵修補の請求，役務（サービス）の提供の請求などは消費者集団訴訟の対象外となる。

次に，「消費者契約に関する請求である」ことが要件とされている。事業者間の契約や消費者間の契約に関する請求は対象外である。また，たとえば，工場排水・排ガスなどを原因とした公害や工場の爆発事故などに基づく損害賠償請求は，消費者契約に関するものではないから，消費者集団訴訟の対象外となる。なお，労働契約は事業者と消費者の契約と評価できるものの対象外とされている。したがって，消費者集団訴訟の被告となる可能性があるのは，BtoCのビジネスをしている企業のみということになる。

さらに，「法が定める5類型」の請求に限定されている。5類型とは，(i)契約上の債務の履行請求，(ii)不当利得返還請求，(iii)契約上の債務の不履行による損害賠償請求，(iv)瑕疵担保責任に基づく損害賠償請求，(v)不法行為に基づく損害賠償請求の5つである。上記(v)に関しては，民法の規定によるものに限定されており，たとえば，証券訴訟で用いられる金融商品取引法上の民事責任の特則に基づく損害賠償請求（金商法16条以下）や，製造物責任法に基づく損害賠償請求（製造物責任法3条）などは含まれない。また，(iii)～(v)で賠償を請求できる「損害」は限定されており，いわゆる拡大損害，逸失利益，人身損害および精神的損害に関する請求は対象外となっている。

なお，施行（平成28年10月1日）前に締結された消費者契約に関する請求（不法行為に基づく損害賠償請求については施行前に行われた加害行為に係る請求）については，消費者集団訴訟は利用できない。

(b) 消費者集団訴訟の手続の概要

消費者集団訴訟は，手続が二段階に分かれている。

一段階目は，共通義務確認訴訟の手続と呼ばれる。相当多数の消費者に対する事業者の共通義務，すなわち，個々の消費者の事情により支払の理由がない場合を除いて，事業者が消費者に対して金銭を支払う義務があるか否かを確認

する手続である。

　訴訟要件として，「多数性の要件」，「共通性の要件」，「支配性の要件」と呼ばれる3つの要件が必要になる。「多数性の要件」とは，相当多数の消費者に生じた財産的損害であることである。「共通性の要件」とは，事業者の支払義務が共通する事実上および法律上の原因に基づくことである。「支配性の要件」とは，以下で述べる二段階目の債権確定手続（簡易確定手続）で個別の債権の存否・内容を適切・迅速に判断することが困難ではないことである。これらのうち1つでも欠ける場合には，訴えの全部または一部が却下される。

　二段階目は債権確定手続と呼ばれる。共通義務確認手続で事業者に金銭支払義務があると認められた場合には，二段階目に進み，個々の消費者の事業者に対する金銭支払請求権の存否および内容を確定する。債権確定手続では，簡易，迅速かつ効率的な非訟手続である簡易確定手続が先行し，それに異議があれば訴訟（「異議後の訴訟」と呼ばれる）に移行するという形になっている。

　⑤　会社非訟（商事非訟）

　会社非訟（商事非訟）とは，会社法の規定による非訟手続である。非訟事件手続法および会社法第7編第3章で規律されている。

　会社非訟（商事非訟）には，主に以下のようなものがある。

> 1　会社設立に際する調査に関する事件（現物出資等に関する検査役選任申立事件）
> 2　業務および財産の調査に関する事件
> 　①　株主・債権者による取締役会議事録の閲覧謄写の許可申立事件
> 　②　親会社社員による子会社の株主総会議事録，会計帳簿等の閲覧謄写の許可申立事件
> 　③　業務執行に関する検査役申立事件
> 3　総会に関する事件
> 　①　総会検査役選任申立事件
> 　②　株主総会招集許可申立事件
> 4　株式および新株予約権に関する事件
> 　①　現物出資に関する検査役選任申立事件

②　株式等任意売却申立事件
　　a）　所在不明株主株式の売却許可申立事件
　　b）　端数相当株式任意売却許可申立事件
③　株式価格の決定申立事件
　　a）　株主総会決議等反対株主による買取請求
　　　ⅰ）　株式譲渡制限・全部取得条項を設定する定款変更
　　　ⅱ）　種類株主に損害を及ぼすおそれのある株式併合等
　　　ⅲ）　全部取得条項付種類株式の取得
　　　ⅳ）　株式併合による端数株式の発生
　　　ⅴ）　事業譲渡等
　　　ⅵ）　合併・会社分割・株式交換・株式移転，組織変更等
　　b）　譲渡制限株式の譲渡に際する会社または指定買取人に対する株式売買価格決定申立事件
　　c）　特別支配株主への売渡株式等の売買価格決定申立事件
　　d）　単元未満株式の買取請求
5　社債に関する事件
　①　社債管理者に関する事件（業務財産状況調査許可申立事件等）
　②　社債権者集会に関する事件（社債権者集会決議認可申立事件等）
6　会社組織に関する事件（一時取締役等選任申立事件等）
7　清算に関する事件
　①　清算人選任・解任申立事件
　②　債務弁済許可申立事件
　③　帳簿資料保存者選任申立事件
　④　会社解散命令申立事件
8　過料事件

　近時，M&Aやスクイーズアウト事案の増加に伴い，反対株主による株式価格決定申立事件において注目される判例が出ることが多い。商事非訟（会社非訟）は，専門的な裁判手続であり，専門的な知識も必要となることから，東京

地裁では専門部（民事8部）を設置して対応している。

　非訟事件は，訴訟事件と異なり，必ずしも期日が開催されず，書面と書証のやりとりだけで終わる事件も多い。もっとも，代表例として挙げた株式価格が問題となる事件では，審尋期日が開催され，鑑定などの証拠調べが行われ，また，和解協議が行われることも多い。

⑥　労働審判手続

　労働審判手続は，労働契約の存否その他労働関係に関する事項について，個々の労働者と事業主との間に生じた民事紛争を解決するための非訟手続である。従来，時間とコストがかかるため裁判を提起できなかった事件の受皿となることを期待されて，平成18年4月から利用が可能となった手続である。

　労働審判の大きな特徴としては，(i)労働審判委員会による手続（労働審判法7条），(ii)迅速な審理（労働審判法15条），(iii)柔軟な解決（労働審判法20条2項）の3点が挙げられる。

　まず，労働審判手続の主体は，裁判所ではなく労働審判委員会である。労働審判委員会は，裁判官（労働審判官）1名と，「労働関係に専門的な知識を有する者」（労働審判員）2名で構成される（労働審判法7条）。労働審判員は，使用者側と労働者側から1名ずつ選出される。たとえば，使用者側からは企業の人事経験者（人事部長，人事担当役員等）などが，また，労働者側からは労働組合の幹部・執行委員などが選出されることが多い。労働審判委員会の決議は過半数で行われるため（労働審判法12条1項），たとえば，裁判官が解雇有効と判断しても，労働審判員がともに解雇無効と判断すれば，そちらの判断が優先されることになる。

　次に，労働審判手続における審理は，原則として3回以内の期日で終結しなければならないことが法律に規定されている（労働審判法15条）。裁判所が公表している統計によれば，7割程度の事件が3カ月以内で終了しており，半年を超える事件はほぼない。このように，労働審判手続は審理が非常に迅速に行われる点で特徴がある。これは，企業にとっても紛争が長期化しないという点では魅力的であるが，反面，労働紛争の場合，証拠の多くが使用者側にあることが多いため，極めて短期間で証拠を整理したうえで主張立証をしなければならないという点では労力も大きい。その意味で，労働契約関係の書類に関しては，

平時から工夫して整理等をしておくことも必要であろう。

　最後に，労働審判手続は，話合いによる解決という機能も重視されている。労働審判委員会は，労働審判（訴訟でいえば判決）をするにあたって，「金銭の支払い，物の引渡その他財産上の給付を命じ，その他個別労働関係民事紛争を解決するために相当と認める事項を定めることができる」とされており（労働審判法20条2項），柔軟な判断をすることが認められている。そのため，労働審判委員会は，労働審判を見据えた和解の勧告をしやすく，当事者としても，その勧告と同内容の労働審判がなされるのであれば，和解勧告を受け入れて早期解決を図るほうが合理性があるという方向になりやすく，結果，調停が成立するというケースが多い。実際に，裁判所の統計によれば，7割前後の事件が調停成立により終了しているとのことである。

　なお，労働審判手続の対象は個別の労働者と使用者の紛争であるから，労働組合が主体となる団体労使紛争の解決手段としては利用できない。

(2) 訴訟手続の流れ

　通常訴訟の手続の流れは，次頁の図のとおりである。その他の訴訟，非訟手続は，通常訴訟の手続を修正する形で規定，運用されていることから，企業の法務担当者としては，まずは通常訴訟の手続の流れについて理解するのが肝要である。

(3) 訴訟手続費用

　訴訟を提起する場合の費用は，選択する手続および訴訟の目的物の金額によって異なり，裁判所のウェブサイトに，早見表が掲載されている[18]。たとえば，売買代金1億円を請求する場合には，通常訴訟であれば32万円を手数料として裁判所に収めることとなる。

　なお，裁判所は，上記手数料の他書類の送付用の数千円程度の郵券を提出する必要がある。

18　http://www.courts.go.jp/vcms_lf/315004.pdf

第1章 法的手続前の準備

【通常訴訟】

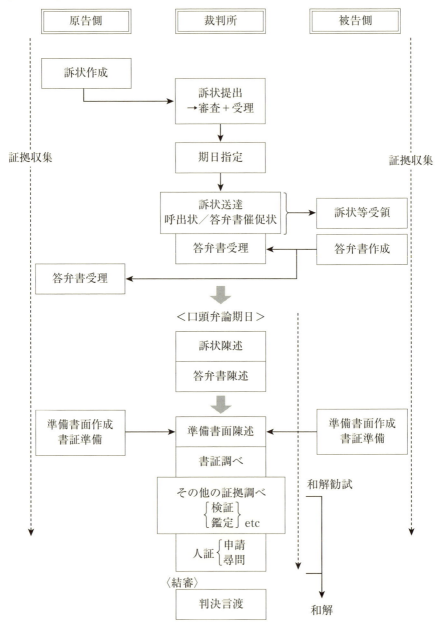

3 調　停

　調停[19]とは，訴訟のように判決というかたちで勝負を決めるのではなく，話合いによりお互いが合意することで紛争の解決を図る手続である（民事調停法1条）。

　訴訟を提起する前に，調停を申し立てなければならない事件も存在する（調停前置事件[20]）。調停前置事件にもかかわらず，訴訟を提起した場合には，裁判所は調停に付すこととなる（民事調停法24条の2第2項等）。

(1) 特　徴

　話合いによりお互いが合意するという解決方法であることから，以下のような特徴が見いだせる。

① 弁護士は必須ではない

　訴訟と異なり，申立用紙に必要事項を記載し，簡易裁判所の窓口に提出するだけでよく，記入方法を説明した資料は，当該窓口に備え付けてある。訴訟に比して容易に利用できる手続であり，話合いを中心として進む手続であることからも，事案にもよるが，弁護士を付けなくとも対応できる。特に，紛争にかかる金額が小さく，弁護士費用をかけることが相当ではないような事案では，会社担当者のみで対応するということもよく行われている。

　他方で，事案によっては，高度な法的知識が必要になることもあるし，また，調停が決裂して，訴訟になることもあるので，調停での言動によって訴訟で不利になることがないよう，重要な事件では弁護士を代理人とすることが望ましい。

② 解決方法が柔軟である

　また，当事者双方による話合いによる解決を目的としているため，調停が成

19　裁判所で行う調停手続については，以下を参照。
　http://www.courts.go.jp/saiban/syurui_minzi/minzi_04_02_10/
20　離婚や離縁等の家事事件（家事事件手続法257条1項）のほか，借地借家法に基づく賃料増減額に関する請求については，調停前置主義がとられている（民事調停法24条の2）。

立する場合には，事案に即した柔軟な解決が図れるという特徴もある。ただし，あくまでも話合いによることから，相手方が調停の席につかず話合いに応じない場合には，そもそも利用することができない。

　調停はかつては足して2で割る手法で，当事者双方に譲歩を求める調停手法が少なくなかったが，昨今は，訴訟になった場合にはどうなるのかといった，権利関係の存否や証拠資料に照らし合理的な解決を図るように努めているケースが多くなってきている。なお，調停が今一歩のところで成立しなかった場合や，当事者の一方が遠隔地にいて裁判所に出頭できないが，調停案に異議を述べていないような場合などには，民事調停法17条により，調停に代わる決定が活用されている。

　③　手続が非公開である

　調停は非公開の手続である。したがって，記録も訴訟記録のような閲覧が認められるものではないため，企業秘密保護やレピュテーションの観点から第三者に知られたくない場合の選択肢の一つとなり得る。

　④　公平な第三者としての専門家の意見を聞くことができる

　さらに，裁判所における調停の場合，医事関係，建築関係，賃料の増減，騒音・悪臭等の近隣公害などの解決のために専門的な知識経験を要する事件についても，医師，建築士，不動産鑑定士等の専門家の調停委員が関与することにより業界の常識的な判断を得られるという特徴がある。

(2)　手続の流れ

　調停についての手続の流れは，次頁の図のとおりである。

(3)　費　　用

　民事調停手続について裁判所に納める手数料は，訴訟に比べて安価である[21]。たとえば，1億円の売買代金請求を行う場合の手数料は，13万3000円となっている。

21　http://www.courts.go.jp/vcms_lf/315004.pdf

【民事調停の手続の流れ】

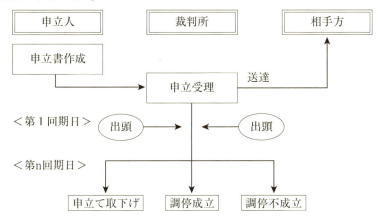

4 仲　　裁

　仲裁とは，当事者が，私人である第三者に争いを判断させ，その判断に従うことを合意し（仲裁合意），その合意に基づき紛争を解決する紛争解決手段である。具体的な手続は，仲裁法および仲裁機関の定める仲裁規則ならびに当事者の合意に基づき実施される。

(1) 特　　徴
①　合意によってのみ利用可能
　仲裁の最たる特徴は，当事者の合意によってのみ，その利用が可能となる点である。反対に，有効な仲裁合意がなされている事案については，裁判所は仲裁合意の対象となる紛争について訴えが提起されたときは，被告の申立てにより訴えを却下しなければならない（仲裁法14条1項）。
　そして，仲裁人の選任，仲裁手続の内容（ディスカバリーを行うか否か，どの程度認めるか等），スケジュール等，基本的にはすべて当事者間の合意によって決せられる（合意ができない場合には，利用する仲裁機関の規則に従って決せられることとなる）。

仲裁合意は，紛争発生の前後を問わず行うことができるが，紛争が発生したあとに係る合意を行うことが事実上極めて難しいため，多くの場合，契約書に仲裁規定が盛り込まれている。

しかし，実際に紛争が生じると，仲裁を申し立てられた相手方が裁判所での訴訟を望み（または単純に仲裁申立てが却下されることを狙って），契約書に規定された仲裁合意の有効性が問題とされることも少なくはない。

② 仲裁廷の判断に強制力がある

仲裁の大きな特徴は，裁判と同様の強制的紛争解決手段である点である。

すなわち，仲裁と裁判との本質的な違いは，当事者の合意により創設された私的裁判所による自主的な紛争解決を目的とする制度である点にあるが，調停委員の判断（意見）に強制力のない調停とは異なり，審理を行う第三者（仲裁廷）の判断（仲裁判断）には，強制力があり，執行決定を得ることにより債務名義となる。

③ 当事者の選択する専門家の判断を仰ぐことができる

仲裁では，原則として当事者が紛争を解決する第三者である仲裁人を選定する。したがって，紛争の内容に応じた専門家による判断が期待できる。

④ 手続が非公開である

一般的に，仲裁での手続は非公開であり，仲裁判断も当事者の合意がない限り公表されない。したがって，営業上の秘密やプライバシーを確保できることから，企業秘密保護やレピュテーションを維持することができる。

⑤ 手続が迅速である

仲裁には，上訴の手続が存在せず，一審のみで確定する[22]。また，当事者の合意により，仲裁判断までの手続の流れ，タイミングを決定することとなるため，比較的迅速に最終判断を得られる。

日本における仲裁機関の一つである日本商事仲裁協会（JCAA）の仲裁では，申立ての請求金額が2000万円以下の場合に原則として適用される簡易手続による仲裁は，仲裁人が選任された日から原則として3カ月以内に仲裁判断を得る

---

22 仲裁判断取消の申立ての手続は存在するが（仲裁法44条），仲裁判断の無効原因は限られており，判断を覆すことは極めて難しい。

ことができるとされている。この簡易手続によらない仲裁の場合であっても，事件の難易度にもよるものの，仲裁の申立てから紛争の解決までの期間は約1年半とされている。

⑥ 外国における執行可能性が高い

仲裁の場合，相手方が外国籍の企業の場合であっても，仲裁判断を当該外国で執行することが容易である。海外企業が当事者となる場合であっても執行可能性が確保できるという意味では，裁判よりも好ましいといえる[23]。

(2) 手続の流れ

仲裁手続は，各仲裁機関の規則に従って行われることから，仲裁機関によって異なる部分があり，また，当事者の合意により柔軟にスケジュールを設定することが可能であるが，典型的には，概ね次頁の図のような流れに沿う。

(3) 費　用

費用については，どの仲裁機関を利用するかによっても異なるが，日本において利用される仲裁機関の一つである日本商事仲裁協会（JCAA）の場合（係争額1億円，仲裁人1名の場合の上限）は，合計で572万4000円[24]程度とされている。他方，国際商業会議所（ICC）の場合（係争額100万米ドル，仲裁人1名の場合）には，合計3万6342米ドル[25]〜8万5845米ドル[26]になる。

裁判と異なり，代理人の費用のみならず，仲裁人の費用もすべて当事者で負担することになるため，裁判所での裁判と比較すると，費用が高額になるため，係争額が大きくない場合には仲裁を利用して紛争解決を図るインセンティブは

---

23 「外国仲裁判断の承認及び執行に関する条約」（1958年発効，いわゆるニューヨーク条約）の締約国における仲裁判断は，他の締約国において執行が可能とされている。同条約の締約国は130カ国以上に上る。具体的には以下のウェブサイトを参照。
http://www.newyorkconvention.org/list＋of＋contracting＋states
24 JCAAに納付する管理料金140万4000円および仲裁人報酬432万円の合計額。
25 仲裁人費用を最下限とした場合の金額。ICCに納付する管理費用2万1715米ドルおよび仲裁人報酬1万4627米ドルの合計額。
26 仲裁人費用を最上限とした場合の金額。ICCに納付する管理費用2万1715米ドルおよび仲裁人報酬6万4130米ドルの合計額。

【仲裁手続の流れ】

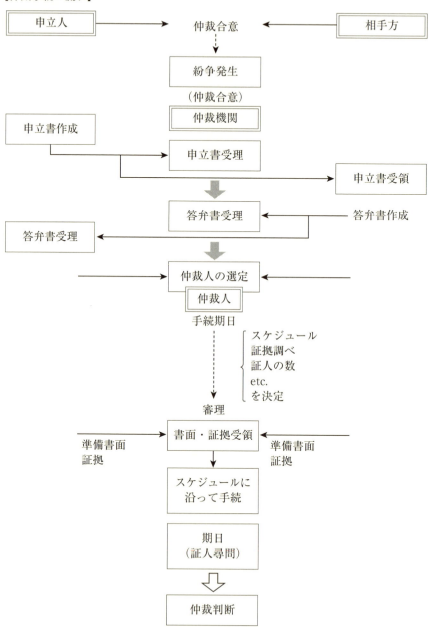

低くなる。

しかし，当事者としては，紛争が生じてから訴訟か仲裁かを選択するのではなく，大抵の事案では，契約書上にすでに仲裁条項が存在しており，その仲裁条項に従った仲裁申立てを行うか，仲裁申立てを行わないか（いわば合意により解決できなければ諦めるか）を選択せざるを得ないことになる。これが仲裁合意の有効性が争われることが多い一因でもある。

> **コラム　仲裁合意**
>
> 　仲裁手続は当事者の合意に基づくいわばオーダーメイドの手続であり，仲裁合意（仲裁条項）の内容にもさまざまなものが存在する。最低限の内容として，仲裁機関および適用すべき仲裁規則程度しか定められていない仲裁条項もあれば，仲裁人の人数，仲裁で用いられる言語などを定めている仲裁条項もあるし，さらには，仲裁に至るまでの当事者間の協議のスケジュールを事細かに定め，そこで合意が成立しない場合に初めて仲裁申立てが許容されることを定めている仲裁条項もある。
>
> 　契約書を締結する段階では，後日紛争になったことのことまでは深刻に考えていないことも多く，たとえば自社または相手方の契約書の雛形に存在する仲裁条項をそのままにして契約がされてしまうような事例も散見される。
>
> 　しかし，仲裁合意は，裁判所で紛争を解決する権利を放棄する合意でもあり，また，仲裁には多額の費用もかかることから，契約の相手方，双方の所在地，契約金額などに照らし，その契約において仲裁合意をすることが適切なのか，仲裁合意をするにしても，過剰な内容になっていないか（たとえば，契約金額100万円の契約で，仲裁人を3人とする仲裁合意は合理的に考えれば過剰であろう），反対に，過少な内容になっていないか（仲裁人1人の判断でよいのかなど）など，よく吟味する必要がある。

5　その他ADR

　ADRとは，裁判外紛争解決手続の利用の促進に関する法律に基づく紛争解決方法である。大きな特徴は，（仲裁と同様）裁判所が関与しないで，当事者の自主性によるところが大きい。その意味で，大規模な消費者訴訟等で利用さ

れることはほぼなく，取引関係にある当事者等により利用されることが多い。
　弁護士会の紛争解決センターによるあっせんや，国土交通省の提供する建設工事紛争審査会等が存在する[27]。

【各手続の比較】

	訴訟	調停	仲裁
取扱機関	裁判所	裁判所，各種業界団体等	仲裁機関，各種業界団体等
判断者の選任	不可 （裁判官）	不可 （裁判官，調停員等）	可 （仲裁人）
申立ての要件	特になし	特になし	仲裁合意の存在
申立てに応じる義務	あり （欠席判決により敗訴）	なし	あり （敗訴する可能性が高い）
主張や証拠の提出	適時に行う	特に制限なし	当事者の合意による
スケジュール決定の可否	ある程度可 （期日は調整次第）	ある程度可 （期日は調整次第）	可 （当事者間でスケジュールを決める）
手続に要する費用	訴訟物の価額による （国費なので高くはない）	訴訟物の価額による	訴訟物の価額，事案の難易度等による （すべて自前）
手続	原則公開	非公開	非公開
判断	判決	調停合意	仲裁判断
判断の執行力	あり	一部あり（裁判所による場合）	あり

27　過剰債務に悩む企業の問題を解決するための事業再生ADRもこの中に含まれる。なお，一般的なADRについては，以下のウェブサイトを参照。
　http://www.moj.go.jp/KANBOU/ADR/index.html

第6節

相手方が海外の会社であるときの留意点

　日本の裁判所での訴訟を前提とする場合，当事者が海外の会社であるときは，以下の点に留意が必要である。

　まず，海外の会社を被告とする場合に，日本の裁判所に管轄が認められるかが問題となる。民事訴訟法は，3条の2以下に国際裁判管轄に関する規定を置いている。法人その他の社団または財団については，その主たる事務所または営業所が日本国内にある場合や，代表者その他の主たる業務担当者の住所が日本国内にあるときに日本の裁判所の一般的な管轄権を認められる（民事訴訟法3条の2第3項）。また，契約上の債務に関する訴え等の特定の類型に限って特別管轄が認められることがある（同法3条の3以下）。海外の会社を被告とする場合には，大前提として，これらの規定に基づき日本の裁判所に管轄が認められるのかを確認する必要がある。

　また，そもそも，仮に日本の裁判所に管轄が認められ，日本で勝訴判決を得ることが可能だとしても，相手方が日本に執行の対象となる財産を持たない場合には，海外に所在する相手方の財産に対して日本の裁判所の判決をもって執行可能なのかという問題がある。日本で勝訴判決を獲得することに意味のない相手方に対して日本で訴訟を提起しても無意味である。これは，各国の法制度により異なるので，事前に執行の可否を確認しておく必要がある。

　さらに，日本の裁判所に管轄が認められ，かつ，仮に勝訴した場合に執行が可能だとしても，訴状の送達には時間がかかる。事前の交渉段階などで，相手方が代理人弁護士を指定しており，代理人弁護士が送達受領権限を与えられているような場合はよいが，海外の相手方の営業所等に送達を行わなければならない場合には，当該営業所等の所在する国または地域と日本との間の条約や個

別的な取決めに従って送達がなされる必要がある。その方法としては，中央当局送達や領事送達などがあるが，順調に送達できたとしても数カ月の時間を要する（この場合，送達する訴状および添付書類については，翻訳文も必要になる）。

　また，訴訟係属後の留意点として，日本の裁判手続は，日本語を前提としている（裁判所法74条）。そのため，契約書や議事録，メールなど書証となるべき書類等が外国語で作成されている場合には，証拠として提出する際には日本語の訳文の提出が必要である。また，証人や当事者本人の尋問にあたり，外国語で尋問に応答をする場合には，通訳を介して行うことが必要になる。

第 **2** 章

訴状，答弁書の作成

　事実関係の調査，証拠の収集・保全，戦略の検討が終わったら，いよいよ法的手続に入るという段階になる。
　訴訟を提起すると決定した場合に訴状を作成して裁判所に提出する。反対に，訴訟を提起された場合には答弁書を作成して裁判所に提出する。これらの書面は，当事者として，初めて裁判所に提出する書面である。訴訟に「勝つ」ためには，原告であれば，裁判官が訴状を読んだだけで「原告が訴えるのはもっともだ」という印象を抱かせるべきであるし，被告であれば答弁書を読んだだけで「被告が争うのももっともだ」という印象を抱かせるべきである。
　本章では，「勝つ」ためには，どのような訴状や答弁書を作成すべきかという観点から，まず，訴えを提起することを想定し，訴状の記載事項についての法令の定めについて整理したうえで，実際に何を記載するかにあたって理解をしておくことが必要不可欠である要件事実について解説し，その後，訴状を作成するにあたっての留意点について解説する。次に，訴えを提起された場合を想定し，答弁書の記載事項について法令の定めについて整理したうえで，答弁書を作成するにあたっての留意点について解説する。

第2章 訴状, 答弁書の作成

第1節

訴えを提起するとき（訴状の作成）

　事実の調査をしたうえで任意に紛争を解決ができなかったことから，訴訟を提起すると決めた場合には，訴状を作成することになる。では，訴状に何を記載すればいいか。あるいは，何を記載しなければならないか。

　訴状の記載事項に関しては，法令（民事訴訟法および民事訴訟規則）に定めがある。これらの記載を欠いていれば，不適法ということで裁判所から補正を求められる。逆に，法令に規定されている記載事項が記載されていれば，それに付加して何を記載しようが作成する側の自由である。しかし，何でもかんでも主張したことを訴状に記載しても意味がないし，逆に要件事実のみ簡潔に書きすぎても問題がある。

　序章でも述べたとおり，訴訟に勝つためには裁判官の心を掴む訴状を書くことが肝要である。一般に裁判官は，当たり前のことではあるが，訴状を読むことにより，事案内容の理解を始める（訴状との対話）。そして，裁判官は，訴状を読みながら，事件の登場人物を想像し，何が起きたのか，何を問題にしているのかを理解する。そして，原告の主張していることに矛盾はないのか，一般に，起き得るストーリーなのか，どこか主張からみただけでも変なところはないのか，不明確なところはないのかなどを考えてみるのが通常である。次に，訴状とともに提出されている証拠を検討しながら，この証拠で，主張している事実は証明されているのかを検討する。その結果，被告の争いそうなところ，事実が不明確であるところなどを拾い出し，どこが当該事件の争点になるのか，被告はどのような反論をしてくるのか，今後の進行について，何通りものストーリーを想定する（思い描いてみる）。その場合，なぜ，訴訟にまで発展したのか，どういう風な解決が望ましいのかなども考えてみる。そして，裁判官

は，考えたことや，問いただす点をメモなどしておき，来たるべき弁論期日に備えるのが通常である。以上のような裁判官の思考方法を前提とすると，訴状の出来，不出来が，当該訴訟の帰趨を占ううえで，非常に重要ということになる。

このような訴状が裁判官に与える影響を考えると，むやみに長い訴状を書くことには注意が必要である。訴状は長く書けばよいというものでは決してない。訴状を書いた弁護士やその依頼者としては，長く書き，ある種の達成感に満足するかもしれないが，それを読んだ裁判官は，どういう感想を持つだろうか。おそらく，多くの裁判官は，それだけ長く説明しないと自分の主張が理屈付けられないのかと思ってしまうのではなかろうか。逆に，たとえば，建物の明渡請求事件で，「原告は本件建物を所有している，被告は本件建物を占有している，よって，原告は，被告に対し本件建物の明け渡しを求める。」とだけ記載されている訴状の場合はどうであろうか。おそらく，このように簡潔な，いわゆる骨と皮だけしか書かれていない訴状に遭遇した裁判官は，この事件には何か裏があるのではないかと考えるのが通常であろう。以上のように，訴え提起にあたっては，むやみに長い訴状，あるいは極端に短い訴状はいずれも避けるのが賢明であり，ほどよい長さの訴状を書くよう心がけるのが相当である。訴状の記載から裁判官に疑念を持たれないように留意し，訴状を読んだだけで，自然な流れで，原告が訴えを提起するのはもっともだという印象を抱かせるようにすべきである。

以下では，まず，訴状の記載事項に関して，法令上の定めを紹介したうえで，訴状を作成するにあたって重要な「要件事実」について説明しつつ，訴状を作成するポイントや提出すべき証拠の峻別ポイントを解説する。

1 訴状の記載事項

(1) 法令上の定め
① 民事訴訟法の定め

民事訴訟法において，訴状には，当事者と法定代理人，請求の趣旨と請求の原因を記載しなければならないとされている（民事訴訟法133条2項）。

「請求の趣旨」とは，求める判決の内容である。たとえば金銭の請求であれば，以下のように記載する。

1　被告は，原告に対し，金○○円及びこれに対する本訴状送達の日の翌日から支払済みまで年6分の割合による金員を支払え。
2　訴訟費用は被告の負担とする。
との判決及び仮執行宣言を求める。

請求の趣旨には，「損害賠償として」とか，「売買代金として」というような名目（発生原因）は記載しない。そういった名目は，次に説明する請求の原因の帰結部分（「よって書き」と呼ばれる）に記載する。

「請求の原因」とは多様な意味に用いられるが，狭義では，請求の趣旨と相まって請求を特定するのに必要な事項（特定請求原因）をいう。また，それより広い意味で，請求を基礎付けるため原告が主張立証すべき事項（理由付け請求原因）を意味することもある。民事訴訟法133条2項で記載が求められているのは，狭義の請求原因である。

たとえば，平成28年10月1日，XはYに対して商品Aと商品Bを，いずれの代金も1000万円，支払日を同年11月末日として販売し，AもBもYに引き渡したが，Yは支払日にAの代金として1000万円は支払ったものの，Bの代金1000万円を支払わなかったとする。XがBの代金の支払を求めて訴訟を提起する場合，請求の趣旨は，「被告は，原告に対し，1000万円を支払え」という記載になる。この記載からは，Xが，Aの売買代金を請求しているのか，Bの売買代金を請求しているのかはわからない。そこで，請求の原因において，「平成27年10月1日，原告は被告に対してBを1000万円で売った。しかし，被告は売買代金を支払わない。よって，原告は被告に対しBの売買代金として1000万円の支払を求める。」といった事実を記載する。これにより，当該1000万円の請求がBの売買代金の請求であることを特定するのである。

② 民事訴訟規則の定め

訴状の記載事項については，民事訴訟法のほか，民事訴訟規則にも定めがある。請求の趣旨および請求の原因のほか，請求を理由付ける事実を具体的に記

載し，かつ，立証を要する事由ごとに，当該事実に関連する事実で重要なものおよび証拠を記載しなければならないとされている（民事訴訟規則53条1項）。請求を特定するための「骨」と「皮」だけではなく，もう少し肉付けした記載（上記の広義の請求原因を含む）が求められている。上記の例で言えば，たとえば，売買契約の締結にあたって具体的に誰と誰がどういうやりとりをして，どういう書面が作成されたかといった事実や，Yの従業員によれば給料の遅配があったとのことで，Bに何か問題があったわけではなく単に資金繰りに窮して支払を怠っているにすぎないといった事実等を記載することが考えられる。

他方で，民事訴訟規則では，できる限り，請求を理由付ける事実についての主張と当該事実に関連する事実とを区別して記載しなければならないとされている（民事訴訟規則53条2項）。どういう発生原因に基づく請求なのかがわかりにくくないように，発生の原因となる事実と，そうではない関連事実とをきちんと整理して記載することも求められている。

(2) 要件事実（主要事実）

民事訴訟法や民事訴訟規則の定めは，以上のとおりであるが，では，実際にどういった事実を訴状に記載すべきか。これを検討するには「要件事実」について理解をする必要がある。

① 裁判所は要件事実の存否によって権利や法律関係の存否を判断する

訴訟は，実体法上の権利や法律関係の存否を裁判所に判断してもらって紛争の解決を図る手続である。もっとも，権利や法律関係といったものは，目に見えるものではなく，観念的な存在にすぎない。したがって，人間（裁判所）は，その存否を直接認識することはできない。

そのため，裁判所は，権利や法律関係が発生する原因となる事実があるか，それらが発生することを阻害する原因となる事実があるか，一度は発生した権利や法律関係が消滅する原因となる事実があるかを調べることによって，その存否を判断することになる。この権利や法律関係の発生，障害，消滅する事実を一般に要件事実，あるいは主要事実と呼んでいる。

たとえば，売主から買主に対する売買代金の請求訴訟を想定した場合，「売る」「買う」という合意の存在，対象物および代金が売買代金請求権の権利発

生の要件事実，他方，たとえば，買主が未成年である事実および取消の意思表示をした事実などが権利障害の要件事実，代金を支払った事実などが権利消滅の要件事実と言われている。

② **要件事実の決定**（主張立証責任の分配）

要件事実は，どのように決まるのか。この点については，特に法律に規定はない。民法や商法といった実体法の条文を解釈し，その制度趣旨に照らして本質的な事項，必要最小限の事項は何かという観点から決定される。たとえば，上記の例で言えば，代金支払の履行期限は売買契約の本質的要素ではなく，権利発生の要件事実ではない。したがって，売主が期限到来を主張立証しなくても要件事実は充足しており請求権の発生は認められる。

このように，要件事実については，原則として法律を解釈することにより決定されるが，その際には当事者の公平を考慮することとなる。これは主張立証責任の分配とも関連する。すなわち，訴訟の当事者は，自らに有利な法律効果の要件事実について主張立証責任を負う。つまり，その要件事実が主張立証できなければ（＝そのような事実があったかどうかわからないということになれば），その要件事実を前提とした法律効果の発生は認められないという不利益を被ることになる。そのため，単に法律の条文を形式的に解釈するだけではなく，類型的に立証可能な事実であり，それが立証できなければ不利益を被っても当事者の公平を害さないかどうかという観点や制度趣旨を考慮する必要がある。

たとえば，ある事実が「ないこと」の証明はいわゆる悪魔の証明（成功する可能性の低い極めて困難な証明）であるから，条文を形式的に解釈すると「ないこと」が権利発生の要件のように考えられる場合でも，当事者の公平という観点から，当該事実が「あること」を権利障害の要件事実と捉え，権利発生を争っている当事者に主張立証責任が課されることもある。

このように，要件事実を正確に理解し，その要件事実を主張立証しなければならないのは誰かを理解しておくことは極めて重要である。この要件事実こそが訴訟における究極的な主張立証の対象である。当然ながら，訴状の作成にあたっては，最低限，この要件事実の記載が必要となる。どのような事件でも要件事実は存在するのであり，事件が複雑になればなるほど，当該事件の要件事

実は何かという基本に立ち返って考えることが必要である。こうすることにより，混迷，迷走している事件についての解決の糸口が見つかることにつながるのである。

③ 要件事実（主要事実）以外の事実

訴訟に発展するような紛争については，通常，要件事実（主要事実）のみを主張立証しても，これを証明するに足りるだけの的確な証拠が存在することは少なく，要件事実のみを主張するだけで訴訟に勝てるわけではない（このような的確な直接証拠があれば，訴訟を提起するまでのことはないのが通常であろう）。権利や法律関係の存否に争いがある以上は，その発生，障害または消滅の原因となる要件事実に争いがあるということであるから，その存在あるいは不存在を裁判所に認定してもらうために，要件事実以外の事実についても主張立証する必要がある。

要件事実以外の事実については，間接事実と補助事実に分類される。

間接事実とは，要件事実の存在を経験則上推認させる事実をいう。たとえば，前記の1000万円の売買代金請求事例において，Y（被告）が「XからBを買ったのではなく，もらった」と主張しているような場合，たとえば売買契約が成立した日（平成28年10月1日）から近い時期にYが1000万円を借り入れたという事実は，贈与ではなく売買の合意があったことを推認させるため，間接事実となる。

また，間接事実と両立する事実で，その間接事実から要件事実への推認を妨害する力を持つ事実を反対間接事実という。上記の例で言えば，たとえば，Yは，借り入れた1000万円をXから別途購入したAの購入代金の支払に充てたという事実は，反対間接事実に該当する。

他方，補助事実とは，証拠の証明力に関する事実である。たとえば，上記の事例で，Xから，Y名義の発注書が証拠として提出されているとする。しかし，その発注書を作成したとされる担当者が，実はその発注書の作成日にはすでにYを退職して海外に赴任していたというような事実は，当該発注書の証明力に影響を与える事実であるため補助事実となる。

訴状でも，直接証拠によって要件事実が明らかに認定できるような場合を除いては，重要な間接事実や補助事実を記載する必要がある。もっとも，闇雲に

④ 経験則

　経験則とは，経験から帰納して得られる事物の性状や因果関係等についての知識や法則をいう。たとえば，道路が濡れているという事実や通行人の多くが傘を持って歩いているという事実から，直前まで雨が降っていた事実が推認できる。これは，雨が降ると道路が濡れる，人は傘をさすという経験則に基づいている。

　裁判所は，経験則に基づき，証拠から認定できる事実から他の事実を推認し，最終的に要件事実が認められるかどうかを判断する。そのため，この経験則は裁判において非常に重要なポイントとなる。

　裁判所が当然知っている日常的な経験則は主張立証する必要はない。しかし，裁判所が知っていることが期待できないような専門的な経験則は主張立証する必要がある[1]。専門的な経験則によれば，Aという事実からBという事実が推認されたとしても，その経験則を主張立証できなければ，仮にAの立証に成功しても，Bを認定してもらえないということになる。訴状を作成する段階であっても，専門的な経験則は主張立証の対象とすることを意識する必要がある。

2　訴状作成のポイント

(1)　「勝てる」訴訟物の選択（処分権主義）

　民事訴訟では，どのような実体法上の権利・法律関係の確定を求めるか（確定を求める権利・法律関係のことを「訴訟物」という）は当事者の判断に委ねられている。裁判所は，当事者が確定を求めていない実体法上の権利・法律関係については，そのような権利・法律関係が存在するという心証を持ったとしても，審理の対象になっていない以上それを判断することができないのである。これを「処分権主義」という。

---

[1] 司法研修所編『民事訴訟における事実認定』（法曹会，2007年）31頁。

訴える側としては，事実を調査し，自分の有する証拠，相手が有していると予想される証拠を考えて，最も認められやすい実体法上の権利・法律関係の確定を求めることが重要である。

たとえば，Xは，YにPという製品を1000万円で売ったが，Yは代金を支払わなかった。Yは初めから代金を支払うつもりもなく，XからPを欺し取ったようである。Xとしては，Pを返してもらっても容易に換価できないことから金銭の支払を要求したいが，他方で，Yが「詐欺師」であることを明らかにしたいと考えている。このような事案では，XのYに対する1000万円の請求権として，売買を理由とする売買代金請求権と，Yの不法行為（詐欺行為）に基づく損害賠償請求権とが考えられる。いずれの権利も1000万円を支払えという請求が可能である。

この場合，Yが「詐欺師」であることを明らかにしたいという点を重視するのであれば，不法行為に基づく損害賠償請求を選択することが考えられる。しかし，不法行為の場合，故意，すなわち「Yが代金を支払う意思がなかった」という相手の内心を立証する必要がある。人間の内心を立証しようとすれば，それを推認する間接事実を積み上げていくしかないが，当然ながら容易ではない。いくつもの間接事実を主張立証していかなければならない。これに対して，売買代金請求であれば，売買契約の成立（売る買うの合意，対象物，代金）を立証すれば足りるのであって，売買契約書や発注書，売上伝票といった書証により，比較的容易に立証することができる。そのため，「勝つ」という観点からすれば，売買代金請求権を選択するほうがよい。

また，東京地裁や大阪地裁といった大規模庁では，専門的な訴訟を扱う専門部がある。たとえば，東京地裁では，会社法の事件を扱う商事部，特許権などの知的財産に関する事件を扱う知的財産部，労働法に関する事件を扱う労働部，行政事件を扱う行政部といった専門部がある。専門部の裁判官は，事件を担当するなかでその分野の紛争解決に必要な知識や経験を獲得することを通じ，その分野の専門的な用語や経験則なども十分理解していることが多い。そこで，たとえば，民法に基づく請求と会社法に基づく請求の両方が成り立つ場合に，会社法の専門的な知識を有する裁判官に判断してもらうことが，当該事件の背景事情や主張立証との関係で有利かどうかを検討し，有利であろうと判断する

場合に，会社法に基づく請求権を訴訟物に選択して（訴状に明記して），商事部に事件が係属されるように工夫するというようなこともある。

　紛争が生じ，経緯などを調査した結果明らかになった事実を踏まえると，複数の法律構成が考えられるというのはよくあるケースである。その中で，最適，最強の法律構成を選択する，それが「勝つ」ための第一歩となる。

(2) 裁判所にストーリーの重要部分を理解してもらう

　最適，最強の法律構成を選択したら，その要件事実に該当する具体的な事実を記載する。それを立証する直接的な証拠が揃っており，相手におよそ反論の余地がないのであれば，要件事実の記載だけでも足りる。しかし，企業間で訴訟になるような事案では，通常は，そのような単純な事案は少なく，たとえば，要件事実を根拠付ける直接的な証拠がないというような事案も多い。そのような場合には，要件事実を推認するための間接事実についても整理して記載する必要がある。その際，必ずしも時系列通り記載する必要はない。要件事実を意識して，要件事実ごとに間接事実，補助事実を整理して記載するほうが説得力がある場合が多い。

　では，要件事実と間接事実だけ記載しておけば十分かというと，必ずしもそうではない。「勝つ」ためには，訴状の段階から裁判所の判断過程を意識した記載を心掛ける必要がある。裁判所は，審理の過程において，当事者間で争いのない事実および書証から比較的容易に認定できる事実といった「動かしがたい事実」をまず整理する。そのうえで，その事実と事実をつなぎ合わせていき，争いのある点に関して，どちらの当事者が主張しているストーリーが合理的かという判断過程をとっている。このような裁判所の判断過程を意識すると，訴状においても，要件事実や間接事実のみでは必ずしも明らかにならない原告の主張するストーリーの重要部分も記載すべきである。そこで，要件事実や間接事実の記載と区別して，「関連事実」として，契約に至った経緯やその後紛争となった推移などを簡潔に整理して記載することになる。このストーリーの部分は，時系列に沿って記載したほうがわかりやすいケースが多いと思われる。

第1節　訴えを提起するとき（訴状の作成）

(3) 被告から想定される主張とそれに対する反論の記載

　訴状において、被告から想定される主張とそれに対する反論を先行して記載することもある。もっとも、この点は、記載するか否か、記載するとして、どこまで記載するかの判断が難しいことも多い。

　たとえば、契約の履行を求める裁判では、訴状を見た裁判官は、「なぜ被告は契約を履行しないのか」という疑問を持つであろう。そこで、訴状ではそれに対する回答を記載し、争点に対する原告の主張を先行して裁判所に伝えるということは得策であろう。たとえば、契約の履行を求める訴訟で、訴訟提起前に書面でやりとりをしており、その書面で相手から契約の解除の主張がなされているような場合には、相手からの書面も証拠として提出し、相手の主張に言及しつつ当該解除が無効である根拠を記載する。

　もっとも、訴状の段階では必ずしもすべての争点が明らかになっているわけではない。原告としても、事前にできる限りの調査はするものの、被告が、どのような証拠を持っているか、それを基にどのような主張を組み立ててくるかは必ずしも把握できない。そのようなケースで、やみくもに先方の主張を想定し、先行して反論をしても、原告の一人相撲といった感があり、あまり意味がない。むしろ、被告が全く異なる点を争点としてきた場合、「原告は事件の本質を捉えられていない」という印象を裁判所に与えかねない。そのようなケースでは、訴状には、そこまでの記載をせずに、被告の答弁書を踏まえて、第1準備書面で反論をしていくことになる。

　ただし、その場合でも、準備段階における調査に基づいて判明した事実、証拠から先方が主張してくるであろう主張を想定し、そのような主張があった場合に想定される反論も考えたうえで、訴状で何をどこまで記載するか（今後の反論において矛盾が生じてしまうような記載がないかなど）を検討する。

3　添付する証拠（書証）

(1) 証拠（書証）の選別

　訴状には主張する事実を証明するための証拠（書証）を添付する。特に要件事実またはそれを推認する間接事実については、それが立証できなければ請求

は認められない。この点，当事者間に争いのない事実および顕著な事実は証明することを要しない（民事訴訟法179条）。もっとも，訴状を提出する段階では相手方が争うか否かはわからない。また，そもそも，裁判官からすれば訴状に記載がある事実について書証が添付されていなければ疑問に思い，正当な訴えなのかと疑念を抱きかねない。そのため，基本的には，顕著な事実を除き，訴状において主張するすべての事実（少なくとも要件事実またはそれを推認する間接事実）を証明するための書証を訴状と共に提出することになる。また，不動産登記簿謄本，商業登記簿謄本などの基本的な書証は，裁判所が事案を理解するうえで役に立つ基本的な事項が記載されているので提出するのが相当である。

他方で，無駄な書証を提出する必要はない。立証対象となる事実を裏付ける書証が複数あるときには，最良，最適なものを峻別して提出する。たとえば，処分証書があるのであれば，特段の事情がない限り，これを提出する。その他の書証については，立証する事実との関係で証明力の高いものをまずは提出するのが原則である。

ただし，当該証拠に自らにとって不利となる記載などがないかという点は，慎重に確認しなければならない。訴訟では，一方当事者が提出した証拠からも他方当事者の主張する事実を認定することができる（証拠共通主義）。そのため，自らが主張する事実を立証しようとして提出した証拠に，相手に有利な記載（自らに不利な記載）があり，実は相手方の主張する事実の証拠となってしまうということもある。

そのため，提出する前には書証の内容を隅々まで確認して，不利な記載がないか，不利な記載があったとして相手方がそれを使ってどのような主張をしてくることが想定されるか，それに対してはどのような反論が可能かといった点を検討する。

もっとも，不利な記載のある証拠であるからといって提出しないとは限らない。訴状の内容からして当然に提出されるべき証拠が提出されなければ，裁判官が奇異に感じるであろうし，主張の内容に対する信憑性が揺らぎ，訴えそのものに対する見方に影響することもある。たとえば，上記の訴訟前に書面でやりとりをしているケースで言えば，自らの送付した書面のみを証拠として提出

し，相手方の書面は相手方の言い分が記載されていて不利だから提出しないといったことをすれば，裁判官は不信を抱くであろう。不利な記載がある証拠であっても，存在が明らかであり，本来であれば提出することが自然な証拠については，提出したうえで，あらかじめ反論をしておくなどの対応をする必要がある。

(2) 書証提出時の留意点

　訴状と共に提出する書証については，書証の写しを訴状に添付して提出する（民事訴訟規則55条2項）。

　書証について，原本が存在するものは，原本を提出する（民事訴訟規則143条1項）。典型的なものとしては，契約書や，議事録などである。具体的には，訴状には当該原本の写し（コピー）を添付するが，第1回口頭弁論期日に原本を持参し，裁判官が原本を取り調べることになる。被告も，その場で原本を検分する。

　原本が手元に存在しない書証については，写しを提出し，裁判官が取り調べる対象も写しということになる。実務的には，原本が存在するものであっても，原本に代えて写しが提出されることもあるが，上記のとおり，原則は原本の提出であるので，安易に写しを提出することなく，できる限り原本を提出すべきである。

　また，書証については，必ず証拠説明書をあわせて提出する（民事訴訟規則137条）。証拠説明書には，証拠の標目，原本と写しの別，証拠の作成年月日，証拠の作成者，立証趣旨を記載する。証拠説明書は，疎かにされがちな傾向もあるが，証拠説明書を手元に置きながら書証の写しを検討する裁判官も多く，裁判官が読んでどのような証拠であり，どこに着目すべきなのかをきちんと記載しておく必要がある。こうした観点では，提出する証拠の写しについて，重要な箇所に蛍光ペンでマーカーを引いたり，付箋を貼ったりなど，裁判官に着目してもらいたい箇所にきちんと目が行くように配慮をしておくことも大事である。

第2章 訴状，答弁書の作成

4 訴状の記載例

参考として，以下に訴状の記載例を挙げた。賃貸借契約の終了に伴う賃借人から賃貸人に対する保証金返還請求に対して，賃貸人から中途解約に伴う違約金との相殺を主張されたという事案である。また，あわせて，添付する証拠についての証拠説明書の記載例を参照されたい。

訴　　　状

平成28年2月1日

○○地方裁判所民事部　御中

　　　　　　　　　　　　　原告訴訟代理人弁護士　　　甲　野　太　郎

　　　　　　　　　　　　　同　　　　　　　　　　　　乙　山　次　郎

当事者の表示　別紙当事者目録記載のとおり

保証金返還請求事件
　　訴訟物の価額　　　○○○○万円
　　貼用印紙額　　　　○○万○○○○円

請求の趣旨

1　被告は，原告に対し，○○○○万円及びこれに対する平成28年1月1日から支払済みまで年6分の割合による金員を支払え。
2　訴訟費用は被告の負担とする。
との判決及び仮執行宣言を求める。

請求の原因

第1　本件の概要
　本件は，原被告間で締結されている不動産賃貸借契約が平成27年12月31日の

経過をもって終了したことに伴い，原告が，被告に対し，預入保証金の返還を求める事案である。

第2　当事者等
1　原告
　原告は，レストランなどの飲食店の運営を業とする株式会社である（甲1）。原告は，主に関東圏において飲食店を合計○○店を運営している。

2　被告
　被告は，不動産の賃貸を業とする株式会社である（甲2）。被告は，別紙物件目録記載の不動産（以下「本件不動産」という。）を所有し，原告に賃貸していた。なお，原告が被告から本件不動産を賃借した当時，被告は原告の100％子会社であった。しかし，平成26年4月1日，被告の株式は原告から訴外A氏に譲渡された。もっとも，原告は，平成26年10月1日をもって当該株式の譲渡契約を解除し，同年12月1日，訴外A氏に対して株式返還請求訴訟を提起した。同訴訟は現在も係属中である。

第3　請求原因事実
1　本件賃貸借契約
　原告は，被告との間で，平成24年1月1日，被告を賃貸人，原告を賃借人として，本件不動産について賃貸借契約を締結した（甲3。以下「本件賃貸借契約」という。）。本件賃貸借契約の主な条項は以下の通りである。
(1)　**賃貸借期間（○条）**
　　平成24年1月1日から平成38年12月31日まで（15年間）
(2)　**賃料（○条）**
　　月額○○○万円（消費税別途）
(3)　**保証金条項（○条）**
　　原告は，被告に対し，本件賃貸借契約に基づく債務を担保するため，保証金として○○○○万円を無利息にて預託する（第○項。以下「本件保証金条項」という。）。
　　本件賃貸借契約が終了し，原告が本件不動産を明け渡した場合，被告は原告に対して，保証金の残額を速やかに返還する（第○項）。
(4)　**中途解約（○条）**
　　原告は，6か月前までに書面をもって通知することにより，本件賃貸借

契約を中途解約できる。
　(5) 違約金条項（○条）
　　　原告が○条に基づき本件賃貸借契約を中途解約した場合，原告は，被告に対し，解約日の翌日から上記(1)に定める賃貸借期間の終期に至るまでの賃料相当額を違約金として支払う（以下「本件違約金条項」という。）。

2　本件保証金
　　原告は，被告に対し，平成24年1月1日，本件保証金条項に基づき，保証金として○○○○万円（月額賃料の10か月分）を預託した（甲4。以下「本件保証金」という。）。

3　本件賃貸借契約の終了
　　原告は，被告に対し，平成27年6月29日，本件賃貸借契約○条に基づき，平成27年12月31日をもって本件賃貸借契約を解約する旨を通知し，同通知は，平成27年6月30日に被告に到達した（甲5の1，2）。
　　そのため，本件賃貸借契約は，平成27年12月31日の経過をもって終了した。

4　本件不動産の明渡し
　　原告は，本件賃貸借契約の終了に伴い，本件不動産を原状に復した上で，被告に対し，平成27年12月30日，本件不動産を明け渡した（甲6）。

5　結語
　　よって，原告は，被告に対し，本件賃貸借契約の終了に基づき，本件保証金○○○○万円の返還及びこれに対する本件賃貸借契約終了日の翌日である平成28年1月1日から支払済みまで商事法定利率年6分の割合による遅延損害金の支払いを求める。

第4　想定される被告の抗弁とそれに対する反論
1　想定される被告の抗弁
　　被告は，原告に対し，平成28年1月2日付の通知書において，被告の原告に対する本件違約金条項に基づく違約金債権（○億○○○○万円）と，原告の被告に対する本件保証金返還債権とを対当額で相殺する旨を通知した（甲7）。
　　したがって，原告の本件保証金返還請求に対し，被告は，本件違約金条項

に基づく損害金の支払いを求め，相殺の抗弁を提出することが予想される。
　そこで，原告は，あらかじめ以下のとおり，同抗弁に対する反論を行っておく。

2　本件違約金条項の無効
(1)　**取締役会決議の欠缺による無効**
　ア　代表取締役が，取締役会の決議を経てすることを要する対外的な個々的取引行為を，同決議を経ないでした場合，相手方が同決議を経ていないことを知り又は知りうべかりしときは無効である（最判昭和40年9月22日民集19巻6号1656頁）。
　イ　取締役会設置会社においては，重要な業務執行の決定は，取締役に委任することができず，取締役会決議によらなければならない（会社法362条4項）。当時の原告の取締役会規程においても，「重要な契約の締結」は，取締役会決議事項と定められていた（甲8）。
　　この点，本件違約金条項は，15年にもわたる契約期間のどの時点で原告が本件賃貸借契約を解約したとしても，残期間全部の賃料相当額を違約金として支払うことを内容とするものであり，原告に対し，最大で○億○○○○万円（○○○万円×180か月）もの金銭支払義務を発生させる内容の合意であった。これは，本件賃貸借契約が締結された当時の原告の総資産の約25％にも相当する金額であって（甲9），本件違約金条項の締結は，明らかに「重要な契約の締結」に該当する。
　ウ　しかるに，原告の取締役会は，本件違約金条項の締結を承認する旨の決議をしたことはない。
　エ　本件賃貸借契約の締結当時の被告の代表取締役は訴外A氏であった（甲2）。訴外A氏は，本件賃貸借契約の締結当時，原告の顧問として原告の経営会議や営業戦略会議等にも出席するなどして，原告の経営に関与していた。そのため，被告は，本件違約金条項の締結が原告の取締役会決議事項であること及び原告において取締役会決議が行われていないことを知り，あるいは容易に知りうる立場にあった。
　オ　以上から，本件違約金条項の締結は，原告の取締役会決議を欠くから無効である。

(2)　**公序良俗違反による無効**
　ア　賃貸借契約の中途解約時における違約金条項は，高額すぎる場合には暴

利行為として公序良俗に反し無効である（民法90条）。その判断においては，賃料額との比較（賃料の何か月分に相当する額か），対象物件の種類と賃貸借契約の目的，賃貸借期間の残存期間の長短，対象物件の築年数と新たな賃借人の確保の難易度，解約申入れ理由，当該賃貸借契約の賃料額と同等物件の平均的な賃料額との比較，違約金条項締結の経緯，礼金など他の一時金の授受の有無，賃借人の経済状況等が総合考慮される（東京地判平成○年○月○日判タ○○号○○頁，大阪地判平成○年○月○日公刊物未掲載，東京地判平成○年○月○日公刊物未掲載ほか裁判例多数。○○著「○○○」○○頁参照）。

イ　この点，本件違約金条項（違約金条項）は，前述のとおり最大で月額賃料の180か月分（合計○億○○○○万円）もの支払いを義務付けるものであり，過去の裁判例に照らしても極端に高額である。仮に本件違約金条項が有効だった場合に，本件で原告が現に行った中途解約通知に伴って発生する金額だけをみても，月額賃料の132か月分（約○億円，甲7）に上っている。

また，本件不動産は平成23年に建築されたばかりの新しい物件であり，汎用性も高い物件である。したがって，原告が本件賃貸借契約を中途解約しても，6か月間の解約告知期間の間に，被告が新たな賃借人を確保することは容易である。

したがって，本件では，上記のような極端に高額な違約金の正当性を基礎付ける事情は全くなく，本件違約金条項は公序良俗に反する。

3　まとめ

以上のとおり，本件違約金条項の締結については必要な手続が経られておらず，その内容も公序良俗に反するから，無効である。したがって，原告の本件請求に対し，仮に被告が上記1記載の相殺の抗弁を主張したとしても，理由がない。

証　拠　方　法

本日付原告証拠説明書（1）記載のとおり

添　付　書　類

1　訴状（副本）　　　　　　　　　　　　　　　　　　1通

2　甲号証写し　　　　　　　　　　　　各2通
3　資格証明書　　　　　　　　　　　　2通
4　訴訟委任状　　　　　　　　　　　　1通

　　　　　　　　　　　　　　　　　　　　以　　上

当 事 者 目 録

〒〇〇〇-〇〇〇〇　〇〇県〇〇市〇〇〇〇
　　　　　　　　　原　　　告　　　　株式会社〇〇〇〇
　　　　　　　　　上記代表者代表取締役　〇　〇　〇　〇
〒〇〇〇-〇〇〇〇　〇〇県〇〇市〇〇
　　　　　　　　　〇〇法律事務所（送達場所）
　　　　　　　　　電　話（〇〇〇）〇〇〇-〇〇〇〇
　　　　　　　　　ＦＡＸ（〇〇〇）〇〇〇-〇〇〇〇
　　　　　　　　　上記原告訴訟代理人弁護士　甲　野　太　郎
　　　　　　　　　同　　　　　　　　　　　　乙　山　次　郎
〒〇〇〇-〇〇〇〇　〇〇県〇〇市〇〇
　　　　　　　　　被　　　告　　　　〇〇〇〇株式会社
　　　　　　　　　上記代表者代表取締役　〇　〇　〇　〇

物 件 目 録

所　在　　〇〇県〇〇市〇〇　〇〇番地〇
家屋番号　〇〇〇番〇
種　類　　店舗
構　造　　鉄骨造陸屋根3階建
床面積　　1階　〇〇〇.〇〇㎡
　　　　　2階　〇〇〇.〇〇㎡
　　　　　3階　〇〇〇.〇〇㎡

原　告　　株式会社〇〇〇〇
被　告　　〇〇〇〇株式会社

証拠説明書（1）

（甲1～甲9）

平成28年2月1日

〇〇地方裁判所民事部　御中

　　　　　　　　　原告訴訟代理人弁護士　　　甲　野　太　郎

　　　　　　　　　同　　　　　　　　　　　　乙　山　次　郎

　標記事件の証拠につき，以下のとおり説明する。なお，本説明書において用いる用語は，特に断りのない限り，訴状におけるのと同じ意味を有するものとする。

号証	標目 （原本・写しの別）		作成 年月日	作成者	立証趣旨
甲1	履歴事項全部証明書	原本	平成28年1月31日	〇〇法務局登記官〇〇	原告の事業の内容等
甲2	履歴事項全部証明書	原本	平成28年1月31日	〇〇法務局登記官〇〇	被告の事業の内容等
甲3	不動産賃貸借契約書	原本	平成24年1月1日	原告及び被告	本件賃貸借契約の内容。 本件賃貸借契約においては，原告が被告に対し，本件賃貸借契約に基づく債務を担保するため，保証金として〇〇〇〇万円を無利息にて預託することとされているが（第〇条），当該保証金は，本件賃貸借契約終了後の明渡時に全額が返還されるものとされている（第〇条）。
甲4	預り証	原本	平成24年1月1日	被告	原告が，平成24年1月1日，本件保証金〇〇〇〇万円を被告に預託したこと。
甲5の1	解約通知書	原本	平成27年6月29日	原告	原告が被告に対し，本件賃貸借契約第〇条に基づき同契約を平成27年12月31日を

甲5の2	郵便物等配達証明書	原本	平成27年6月30日	日本郵便株式会社○○郵便局	もって解約する旨の通知をし，同通知が平成27年6月30日に被告に到達したこと。
甲6	明渡確認書	原本	平成27年12月30日	被告	原告が被告に対し，平成27年12月30日，本件不動産を原状に復した上で明け渡したこと。
甲7	通知書	原本	平成28年1月2日	被告	被告が原告に対し，本件違約金条項に基づく違約金債権と本件保証金返還債権とを対当額で相殺する旨の通知をしたこと。
甲8	取締役会規程	写し	平成○年○月○日	原告	原告において，「重要な契約の締結」が取締役会決議事項と定められていること（第○条）。
甲9	貸借対照表（平成○年○月○日現在）	写し	平成○年○月頃	原告	本件賃貸借契約締結（平成24年1月1日）の当時，原告の総資産は○○円であり，本件賃貸借契約上，原告が支払義務を負う可能性のある違約金の最大額○○円は，原告の総資産の約25％にあたること。

以　上

第2節

訴えを提起されたとき（答弁書の作成）

　訴えを提起されたことは，裁判所から訴状が送達されて知ることになる。裁判所からの封筒には，訴状や証拠など原告が裁判所に提出した書類のほか，裁判所からの期日呼出状が入っており，通常，1カ月から1カ月半程度先の日が第1回口頭弁論の期日として指定されている。また，第1回口頭弁論期日の1週間前が答弁書の提出期限とされている。

　訴えられた側としては，訴状自体は送達されて初めて見るものである。そのため，それから弁護士に相談し，資料を提供して訴訟戦略を検討するとなると，1カ月から1カ月半で具体的な主張をまとめた答弁書を準備するのが難しいことが多い。そこで，実務では，答弁書には，先方の請求を棄却する旨の答弁のみを記載し，被告の主張は追って行うとのみ記載して，第2回口頭弁論期日を1カ月程度先に指定してもらうということが頻繁に行われる（これは「形式答弁」とも呼ばれる）。その場合には，次に提出する被告第1準備書面が実質的な答弁書という位置付けになる。

　以下で「答弁書」とは，形式答弁にあたって提出する答弁書は除くものとし，被告による初めての具体的な主張を記載する書面を意味するものとして解説する。

1　答弁書の記載事項

　民事訴訟規則において，答弁書には，請求の趣旨に対する答弁，訴状に記載された事実に対する認否および抗弁事実を具体的に記載し，かつ，立証を要する事由ごとに，当該事実に関連する事実で重要なものおよび証拠を記載しなけ

ればならないとされている（民事訴訟規則80条1項）。

　まず，「請求の趣旨に対する答弁」というのは，被告として求める判決の内容を記載することになる。訴訟になるということは請求を争うのであろうから，基本的には，「原告の請求を棄却する」と記載をする。

　次に，「訴状に記載された事実に対する認否」であるが，原告が主張する事実のうち認める事実はどれか，認めない事実はどれかを記載する。当事者に争いのない事実は立証を要しないことから，この認否により立証の要否が決まる。なお，認めない事実については，その理由を記載しなければならない（民事訴訟規則79条3項）。

　3番目に，「抗弁事実」であるが，原告の請求に対する抗弁がある場合には，その抗弁が認められるための要件事実を記載する。たとえば，商品Aの売買代金の支払請求に対して，弁済により請求権が消滅したと主張するのであれば，(a)債務の本旨に従った給付をしたこと（金〇〇円を原告に支払ったこと），(b)その給付がその債権についてされたこと（商品Aの売買代金として支払ったこと）を記載する。

　最後に，答弁書も，訴状と同様，重要な関連事実の記載が求められている。裁判所に訴訟となった背景について理解をしてもらうために必要な事実などを記載する。

2　答弁書作成のポイント

(1) 事実・証拠等の分析とそれを前提としたストーリーの検討

　上記のとおり，裁判所は，動かし難い事実を前提に，どちらのストーリーが合理的かという判断過程をとる。被告としては，答弁書で被告のストーリーを裁判所に理解してもらう必要がある。

　まず，被告としては，事実関係の調査，証拠の収集，原告から提出された訴状や証拠を分析，その事件の被告からみた全体像（ストーリー）を把握する。そのうえで，原告の請求に対して，どの部分で勝つことができるのかを考える。すなわち，原告の請求の基礎となる要件事実を否定して（認定させないで）勝つのか，抗弁事実を立証して勝つのか，あるいは事実関係に大きな争いはない

ので評価の部分（たとえば，任務懈怠の有無，過失の有無など）で勝つのかといったことを分析し，どの部分を主戦場として戦うかを考える。主戦場が定まったら，その主戦場で勝つために，把握した全体像（ストーリー）のうち，どの部分を強調すればいいか，裁判所にどのようなストーリーと思ってもらえることが勝訴につながるかということを考えて，そのストーリーに沿った答弁書にしていくことになる。

(2) 認否よりも主張を先に記載する

実務上は，民事訴訟規則の定めに従い，まず認否を記載したうえで，被告としての主張を記載する答弁書が多いように思われる。もちろん，それが間違いということはないし，そのような順番のほうがよいケースがあることは否定しない。

もっとも，上記のような裁判所の判断過程の観点から考えた場合，認否というのは，どうしても原告のストーリーが前提になってしまい，認否では被告が主張したいストーリーの全体像は裁判所に伝わらないおそれがある。

裁判所に原告のストーリーを一旦忘れてもらって，被告のストーリーの全体像を一気通貫で伝えるという観点から，基本的には，認否よりも先に主張を記載するほうがよい場合が多い。

(3) 事実関係と法的主張の区別

被告の主張を記載するにあたっては，事実関係と法的主張は区別して記載したほうがわかりやすい。また，事実関係を記載するときは，ストーリーを理解してもらうという観点が重要であるため，時系列で整理するほうがよいケースが多いと思われる。

その事実関係を踏まえて，当該事実を踏まえると法的にどうなるのかということを主張することになる。その主張にあたっては，原告の請求原因に対する否認と位置付けられる主張なのか，抗弁と位置付けられる主張なのかを整理しながら記載する必要がある。特に抗弁に位置付けられる主張については，当該抗弁の要件事実に沿った記載にする必要がある。

(4) 認否の記載方法

認否については，原告が主張する事実を認めるときは「認める」，認めないときは「否認する」，知らないときは「不知」とする。そして，事実を否認するときには，否認する理由を記載する。

認否にあたって，注意すべきは認める事実を明確にすることである。前述のとおり，当事者間に争いのない事実は立証が不要となる。したがって，認める事実を明確にせずに，概括的に「認める」という認否をしてしまうと裁判所に誤解を与える可能性もある。そこで，認める場合でも，基本的には「〇〇〇という事実は認める」というような認否をするべきである。

また，ここでも，事実と評価を分けるということも意識すべきである。たとえば，訴状に「原告は，平成〇年〇月〇日，被告との間の平成〇年〇月〇日付売買契約を解除した」という記載があったとする。被告としては，その解除の効果を争いたいが，原告から当該売買契約を解除する旨が記載された解除通知が届いた事実自体は争いがない。その場合，上記記載に対して「否認する」という認否をすると，裁判所としては，解除通知が届いている事実を争っているのか，解除という法的効果を争っているかがわからない。このような場合には，「平成〇年〇月〇日，原告が被告に対して平成〇年〇月〇日付売買契約を解除する旨の通知をした事実は認め，その効果は争う」という認否をするのが正確である。

3 添付する証拠

答弁書には，立証を要する事由につき，重要な書証の写しを添付しなければならない（民事訴訟規則80条2項）。ここでは証拠の位置付けを2つに分けることが可能である。

まず，原告が立証責任を負う事実に対する反証の証拠である。被告が原告の主張する事実を否認した場合には，原告が当該事実を立証（本証）し，被告が反証することになる。被告として，どの証拠を提出するかの判断は，原告が本証として，どこまで立証できているかという点からすることになる。

次に，被告が立証責任を負う抗弁事実に対する本証の証拠である。被告が立

証責任を負う以上，主張する事実についてはすべて証拠を提出する必要がある。どの書証を提出するかという考え方のポイントについては，訴状に添付する証拠（後記第３章第３節）に記載する点と同様である。

4　答弁書の記載例

　参考として，以下に答弁書の記載例を挙げた。売買契約に関して債務不履行に基づく損害賠償請求訴訟を提起された事案である。被告としては，当該売買契約の前提とした合意が存在しており，原告がその合意に違反したことから，当該売買契約を解除済みであるとして争った事案である。ポイントとなるのは，合意の有無や当該合意の違反により売買契約の解除が認められるかという点である。また，当該解除について原告が一端は了承したという事情もあったため，その事実を記載した。もっとも，この点は，答弁書の提出時点では証拠が十分ではなかったことから，まずは義務違反に基づく解除を主張している。

平成○○年（ワ）第○○号損害賠償請求事件
原告　　株式会社○○○○
被告　　○○○○株式会社

答　弁　書

平成28年5月1日

○○地方裁判所第○民事部○係　御中

〒○○○-○○○○　　　　○○県○○市○○
　　　　　　　　　　　○○法律事務所（送達場所）
　　　　　　　　　　　　電　話（○○○）○○○-○○○○
　　　　　　　　　　　　ＦＡＸ（○○○）○○○-○○○○
　　　　　　　　　　　上記被告訴訟代理人弁護士　丙　川　三　郎

　　　　　　　　　　　同　　　　　　　　　　　丁　田　四　郎

第1　請求の趣旨に対する答弁
1　原告の請求を棄却する
2　訴訟費用は原告の負担とする

との判決を求める。

第2　被告の主張
1　被告の主張の概要
　原告は，被告との間の本件売買契約（後記2(2)にて定義する）に関し，被告の債務不履行を理由に平成27年10月1日をもって本件売買契約を解除するとしたうえで，被告に対し損害賠償として金○○万○○○○米ドルを請求する。

　しかし，被告は，平成27年9月，原告の義務違反を理由に本件売買契約を解除した。したがって，原告の請求には理由がない。以下詳述する。

2　本件売買契約の解除
(1)　本件売買契約締結に至る経緯
　被告は，平成26年9月，原告から訴外株式会社A（以下「訴外A社」という。）が製造した鋼板を購入したいとの申し入れを受けたことから，訴外A社に対し，原告との取引を受けることができるかについて打診した。訴外A社からは，原告が購入した鋼板をX国のY市におけるマーケット（以下，「Y市場」という。）で販売しないのであれば，原告との取引に応じるとの回答を得た（乙1）。訴外A社がこのような要求をしたのは，訴外A社製の鋼板をY市場に輸出する場合には，訴外A社は訴外A社指定の商社を利用することとなっているためであった。

　そこで，被告は，原告に対して，平成26年11月，訴外A社から鋼板をY市場で販売しないことを条件とするならば原告との取引に応じるとの回答を得たことを伝えたところ，原告はこれを了承した。

(2)　本件売買契約の締結
　以上のような経緯で，被告と原告とは，訴外A社製の鋼板をY市場で販売しないとの合意をしたうえで，平成26年12月15日，下記のとおり，売買契約（以下「本件売買契約」という。）を締結した（甲○）。当該合意は，本件売買契約の前提となる合意であるから，当該合意に基づく原告の義務は本件売買契約上の義務である。また，当該合意をしたのは，上記のとおり，訴外A社

がY市場に輸出する場合には、訴外A指定の特定の商社を利用しているためであり、当該合意の内容としては、Y市場で原告自らが販売しないことのみならず、原告が購入した鋼板を第三者にもY市場で販売させないということも含まれていた。

記

1 数　量：合計〇〇〇〇トン
　代　金：合計〇〇万〇〇〇〇米ドル
　鋼板の厚さ、数量、単価および代金：下表のとおり

厚　さ （単位：ミリメートル）	数　量 （単位：トン）	単　価 （単位：米ドル／トン）	代　金 （単位：米ドル）
0.50	〇〇〇〇	〇〇〇	〇〇万〇〇〇〇
0.75	〇〇〇〇	〇〇〇	〇〇万〇〇〇〇

2 数　量：合計〇〇〇〇トン
　代　金：合計〇〇万〇〇〇〇米ドル
　鋼板の厚さ、数量、単価および代金：下表のとおり

厚　さ （単位：ミリメートル）	数　量 （単位：トン）	単　価 （単位：米ドル／トン）	代　金 （単位：米ドル）
0.50	〇〇〇〇	〇〇〇	〇〇万〇〇〇〇
0.75	〇〇〇〇	〇〇〇	〇〇万〇〇〇〇

(3) 原告の義務違反

　被告は、平成27年2月15日、原告に対して本件売買契約に基づいて訴外A社製の合計〇〇〇〇トンの鋼板を引渡した。ところが、平成27年3月、被告は、訴外A社から、本件売買契約に基づいて原告に販売した鋼板がY市場で販売されているとのクレームを受けた（乙2）。被告は、直ちに現地に赴いて確認したところ、確かに被告が本件売買契約に基づいて平成27年2月15日に原告に対して引渡した鋼板のうち合計△△△△トンがY市場で販売されていることが判明した（乙3）。そこで、被告は、原告に対し、当該事実について説明を求めたところ、原告は訴外A社製の鋼板△△△△トンを訴外B社に販売したところ、訴外B社がY市場に販売した旨と回答した（乙4）。
　このように、原告は鋼板をY市場で販売しないという義務に違反した。

(4) **本件売買契約の解除**
　上記のとおり，原告が，本件売買契約に基づいて購入した訴外Ａ社製の鋼板をＹ市場に流入させ，本件売買契約上の義務に違反したことから，被告は，訴外Ａ社から，被告が訴外Ａ社に対して既に注文してあった原告向けの合計〇〇〇〇トンの鋼板の出荷について，全て解除する旨通告された（乙４）。
　そこで，被告は，平成27年９月，原告に対して，原告が本件売買契約上の義務に違反して訴外Ａ社製の鋼板をＹ市場に販売したため，訴外Ａ社から合計〇〇〇〇トンの鋼板の出荷を全て解除されたことを伝え，本件売買契約（〇〇〇〇トン分）について，原告の債務不履行（義務違反）に基づき解除する旨を告げた。そうしたところ，この本件売買契約（〇〇〇〇トン分）の解除については，原告も了解した。

(5) **結語**
　以上のとおり，本件売買契約（〇〇〇〇トン分）は，被告により，平成27年９月，原告の債務不履行に基づいて解除されており，被告には本件売買契約に基づく債務不履行など一切ない。したがって，原告は被告に対し，本件売買契約の債務不履行に基づく損害賠償請求権など一切有しない。
　原告の被告に対する請求は直ちに棄却されるべきである。

第３　請求の原因に対する認否
　……（略）……

以　上

第3章

準備書面および証拠の応酬

　両当事者から訴状，答弁書が提出されると，その後は，準備書面と書証を提出してお互いの主張を応酬する。もっとも，やみくもに応酬し合っても訴訟が長期化するだけである。そこで，裁判所は，争点の整理のために公開の法廷で行われる口頭弁論期日から，非公開で行われる弁論準備手続に切り替えて，両当事者立会いのもとで膝詰めで争点整理をしていくことになる。

　本章では，訴状，答弁書が提出された後の訴訟の進行に関して，まずは，裁判期日の種類，特徴について言及しつつ訴訟手続がどのように進んでいくかについて整理したうえで，裁判期日での対応，準備書面の作成および証拠の提出にあたっての，それぞれの留意点について解説する。また，文書送付嘱託や文書提出命令など，自ら所持していない証拠について裁判所を通じて証拠とする方法について列挙，解説する。

第1節

訴訟の進行

1 訴訟の進行の概要

　訴状が提出されると，訴状の被告に対する送達とともに，口頭弁論期日の指定および当事者の呼出しがされる（民事訴訟法139条）。訴状の送達は，一般には，特別送達というかたちで郵便局員が配達をする。それまでに代理人弁護士をつけて交渉をしていても，訴状の送達は直接本人（会社）に送付されてくる。そのため，被告側として訴訟を提起される可能性がある状況であれば，企業の法務担当者としては，郵便を受領する部署から速やかに法務担当者まで訴状が共有されるように，社内に周知をしておく必要がある。

　初回の裁判期日は，通常，口頭弁論期日である[1]。第1回口頭弁論期日の後は，一定期間おきに裁判期日が開催され，裁判所と原告・被告の当事者双方が必要な訴訟行為を行いながら，訴訟が進行する。

　民事訴訟は，私人間の紛争を法的に解決することを目的としており，紛争の主体である当事者は重要な役割を担っている。他方で，対立する当事者の主張を前提にして，納税者の負担において運営される裁判所が公平中立な立場で判断を示すという民事訴訟の性格から，手続の進行については，判断機関である裁判所が責任を負う。そのため，民事訴訟の手続は，完全に当事者主導で進むというものでもなければ，反対に完全に裁判所主導で進むというものでもない。当事者と裁判所のそれぞれが，それぞれの役割を果たしながら進むことになる。

1　第1回口頭弁論期日ではなく，弁論準備手続または書面による準備手続に付される場合もあるが（民事訴訟規則60条1項ただし書），稀なケースであるので，ここでは割愛する。

第1節　訴訟の進行

　当事者が行う訴訟行為の主なものは，主張と証拠の提出である。当事者の主張は，完全に口頭で行うこともできなくはない（民事訴訟法161条3項）。しかし，企業関係訴訟において，企業が口頭のみで主張を提出するということは原則としてなく[2]，準備書面と呼ばれる主張書面を裁判所に提出し，裁判期日で準備書面の内容を陳述することによって行われる（陳述といっても，主張書面を長々と読み上げるのではなく，「主張書面のとおり陳述する」と述べるだけでよい）。また，当事者は，主張書面と併せて，主張の裏付けとなる証拠（書証）を提出する。

　裁判所は，当事者の提出した主張書面と証拠を確認したうえで裁判期日に臨み，必要に応じて，当事者の双方または一方に質問をしたり，主張立証を促したりする。当事者は，相手方の主張と裁判所の期日における指示や発言を踏まえ，次の期日までに準備書面と証拠の提出を行う。原告と被告が同時に準備書面を提出したり，一方当事者が何回か続けて準備書面を提出することも稀ではないが，ある期日前にいずれか一方が準備書面を提出し，その次の期日前にもう一方が準備書面を提出し，と交互に主張をすることが多い。

　たとえば，原告の訴状に対し，被告が第1回口頭弁論期日前に答弁書を提出し，それに対し，次の期日前に原告が反論の準備書面と付随する証拠を提出し，被告がその次の期日前に再反論の準備書面と証拠を提出し……といった具合に，双方が準備書面と証拠の応酬を行う。

　裁判期日の日時は，裁判長が期日を指定することで決まる（民事訴訟法93条）。実務上，初回の期日を除けば，裁判長が一方的に期日を決めるということはなく，裁判所と当事者が次回期日までに行う主張立証の準備に必要な期間を考慮して調整を行って決定する。通常は，裁判期日で，裁判所と当事者が手帳等を見ながら，その場で次回期日の日程を定める。当事者多数の事件で日程調整が簡単ではない場合や，大規模かつ複雑な事案で，特に計画的に審理することが必要な場合などでは，複数回の期日をまとめて決めておくこともある。期日の

2　例外として，訴訟の終盤で追加された相手方の主張に対して，従前の主張から否認ないし争うことが明らかである場合に，口頭弁論終結前に口頭で否認ないし争う旨を口頭で確認するなどの場合がある。なお，口頭での主張は，裁判所の期日調書に記録される。

間隔としては，前の期日から1カ月程度先に次回期日が指定されるのが通常であるが，事案が複雑な事件では2カ月先や，場合によっては，3カ月先に次回期日が指定されることもある。次回に自らが予定している主張立証の内容や，裁判所の期日における釈明内容などによって，どの程度準備の期間を要するかをよく見極めて裁判所と次回期日の相談をしなければならない。企業関係の訴訟については，次回期日までに行う主張立証のために，多数の関係者からヒアリングをしたり，社内の資料を収集・整理したりする必要が生じることも多い。会社側担当者としても，次回期日までの間隔をどの程度取るべきかを弁護士と事前に相談し，実際の期日指定に従って，社内で必要な段取りを調整する必要がある。

このように，当事者が主張および証拠の応酬をし，訴訟期日で，裁判所が指示や発言を行い，当事者と議論をするということを繰り返していく中で，何がその事件の争点であるのか争点整理がされていく。何が争点整理の対象となるかはさまざまに論じられているところであるが，大きく言えば，法律問題および経験則に関する争いと，重要な事実関係に関する争いである。争点となり得る事実関係には，主要事実と間接事実が含まれることはもちろんであるが，背景事情であっても，事案の解決のために解明が必要なものであれば，争点となり得るであろう。

2 裁判期日

(1) 裁判期日の種類

裁判期日の種類としては，口頭弁論期日，準備的口頭弁論期日，弁論準備手続期日，進行協議期日，和解期日等がある。ほとんどの事件では，口頭弁論期日と弁論準備手続期日が中心であるので，以下では，この2種類の期日について簡単に説明する。

① 口頭弁論期日

口頭弁論期日は，公開の法廷で，定数の裁判官および書記官，当事者またはその代理人弁護士が出席して開催される裁判期日である。裁判官の数は，合議事件であれば裁判長，右陪席裁判官，左陪席裁判官の3名であり，単独事件で

あれば1名である。

　民事訴訟では，原則として，口頭弁論期日を開く必要がある（民事訴訟法87条1項）。当事者の事実上の主張および法律上の主張は，口頭で陳述されなければならず（口頭主義），口頭弁論期日とは，その名のとおり，当事者の主張が口頭でなされる期日である。もっとも，当事者の主張を法廷で長々と口頭で述べていたのでは，時間的にも困難であるし，だいいち，その主張を的確に把握することも困難な可能性が高い。このようなことを避けるために，先に述べたとおり，当事者は口頭弁論期日の前にあらかじめ，自らの主張を記載した準備書面を裁判所および相手方に提出をしておき（民事訴訟法161条1項），期日では，基本的には提出した書面のとおりに主張を陳述する。そのため，現実に口頭弁論で行われる当事者の主張の陳述とは，たとえば，裁判所が「原告は準備書面のとおり陳述しますか」といい，原告の代理人弁護士が「はい」とか「陳述します」などと述べるだけになる。

　また，口頭弁論期日では，当事者から提出された証拠の証拠調べが行われる。主なものは，書証の証拠調べ（裁判所による閲読）と，人証調べ（証人尋問）である。

　口頭弁論期日の様子は，典型的には，裁判長・裁判官が「法壇」という壇の上におり，原告・被告またはその代理人弁護士が左右に座っており，傍聴席で傍聴人が見ているといった，テレビで見るような裁判の様子をイメージするとよい。このほか，ラウンドテーブル法廷という，その名のとおり，法壇は用いずに大きなテーブルに裁判所，原告，被告の全員が座って口頭弁論が行われる場合もある。

② 弁論準備手続期日

　弁論準備手続期日は，争点および証拠の整理の手続のための期日である[3]（民事訴訟法168条）。裁判所は，合議事件でも3名全員が出席する必要はなく，裁判官の1名または2名を指定して（受命裁判官），弁論準備手続を行わせることもできる（民事訴訟法171条1項）。また，たとえば，システム開発紛争や建

3　他の争点および証拠の整理のための手続としては，上記の準備的口頭弁論（民事訴訟法164条以下），書面による準備手続（民事訴訟法175条以下）があるが，これらはあまり利用されておらず，争点整理手続の中では弁論準備手続の利用率が圧倒的に高い。

築紛争など，専門的な知識や見識が必要な訴訟では，裁判官が事案を理解し適格に争点を整理したり，証拠の取捨選択を判断したりすること[4]などをサポートする役割として，専門委員が選任され弁論準備手続期日に出席することもある。弁論準備手続期日は，公開の法廷で開催される口頭弁論期日とは異なり，裁判官室や書記官室に近接した準備室等で開催される。

弁論準備手続期日は，もともと争点および証拠の整理のための手続であり，当事者双方が立ち会うが原則として非公開である（民事訴訟法169条2項）。裁判所と当事者の物理的な距離も近いため，口頭弁論期日よりも裁判所と当事者間で率直な議論がされる。このような弁論準備手続期日の性格上，争点整理のみならず，和解協議もあわせて行われるのが実情である。

弁論準備手続期日でも，口頭弁論期日と同様に，当事者は準備書面と書証を提出する（民事訴訟法170条1項・2項）。口頭弁論期日と違って，人証調べ（証人尋問）はできない。弁論準備手続の結果は，弁論準備手続期日終了後に最初に開催される口頭弁論期日で陳述される（実務的には，これも長々と弁論準備手続で何が起きたかが語られたりすることはなく，「弁論準備手続の結果を陳述しますか」，「はい」のやりとりで済まされている）。

なお，非公開といっても，会社担当者であれば同席が許容されることが多いが，同席が不可とされる場合がないではない。弁論準備手続に用いる準備室等は狭い場合も多く，複数名の会社担当者が期日への同席を希望する場合には，事前に裁判所に連絡をしておいたほうが無難である。

(2) 訴訟の進行と裁判期日

① 初回の裁判期日（第1回口頭弁論期日）

大多数の事件では，初回の裁判期日は，口頭弁論期日である。第1回口頭弁論期日は，原則として，訴えの提起から30日以内とされる（民事訴訟規則60条2項）。

被告は，第1回口頭弁論期日前に請求の趣旨に対する答弁を記載した答弁書

---

4 専門委員の役割としては，(i)争点や証拠の整理，進行に関する専門的知見からの説明，(ii)証拠調べの結果を明瞭にするための専門的知見からの説明，(iii)和解の試みに関する専門的知見からの説明がある（民事訴訟法92条の2）。

を提出するか，期日に出頭して，口頭で請求の趣旨に対する答弁を行う。答弁書を提出せず，期日にも出頭しない場合には，訴状における原告の主張に対し自白したものとみなされ，裁判所は被告が欠席のまま原告勝訴，被告敗訴の判決をすることができる（民事訴訟法159条3項）。万が一，社内の調整ミスなどで，訴状を受領したまま放置してしまうと，欠席判決で敗訴することになってしまうので，企業としては，裁判所から書類が届いた場合には，法務部など然るべき部署にただちに連絡がいく体制を整えておく必要がある。

現実問題として，第1回口頭弁論期日は，被告の都合を確認せずに指定されることが通常であるから，被告およびその代理人弁護士の都合がつかずに出頭できないこともある。この場合でも，答弁書さえきちんと提出しておけば，第1回口頭弁論期日には出頭しなくても，答弁書に記載のとおり主張をしたものとみなされる（民事訴訟法158条）。

もっとも，第1回口頭弁論期日は，当事者の最初の主張を把握した裁判所はどうするのか，たとえば，原告に被告の答弁書に対する反論を促すのか，または，原告・被告のどちらに質問し，主張立証を促すのかなど，裁判所の訴訟指揮の内容によって，裁判所の第一次的な問題意識を理解するよい機会である。特に，訴状に対する認否や被告の主張を記載した実質的な答弁書を提出した場合には，裁判所が原告と被告の主張をどう受け止め，どのような訴訟指揮をするのかは，訴訟の行方を占ううえで重要であるから，可能な限り予定を調整して出頭すべきである。

② 2回目以降の裁判期日

第2回期日以降の期日については，引き続き口頭弁論期日となることもあるし，弁論準備手続期日が指定されることがある。口頭弁論期日を指定するか，弁論準備手続期日を指定するかは，個々の事案の性質などを考慮して，裁判所が職権で決定する。

当事者が多数の事件や，公害裁判等の傍聴人が多数の事件，当事者が事件の公開を希望する場合など（行政事件や，集団的労働紛争などが典型例である）では，弁論準備手続期日が指定されることなく，事件の最後まで口頭弁論期日が指定され続けることが多い。

しかし，このような性質の事件を除けば，複雑になりがちな企業関係訴訟で

は弁論準備手続がよく利用されており，裁判官のキャラクターにもよるが，訴訟の割と早い段階で（早ければ第2回期日から），弁論準備手続期日が指定されることが多いという感覚である。

弁論準備手続期日が指定された場合，以後は争点が整理され，双方の書面による主張立証の応酬が一段落するまでは，弁論準備手続によって訴訟が進行され，次に口頭弁論期日が指定されるのは証人尋問が行われる段階（証人尋問を行わない事件では，弁論を終結して判決をする段階）となることが多い。

公開の法廷で行われる口頭弁論期日とは異なって，弁論準備手続期日では，当事者が遠隔地に居住している場合などには，当事者の一方が電話会議の方法で期日に参加することも可能である（民事訴訟法170条3項）。東京や大阪に本社を有するが，全国でビジネスを展開する企業が地方で訴訟を提起された場合などには，この電話会議の方法による弁論準備手続期日もよく行われている。

③ 証人尋問期日―弁論の終結

争点の整理が終了し，当事者双方の主張および証拠（書証）の応酬が一段落すると，事件は終結に向かう。事実関係に争いのある事案では，この段階で，人証調べ（証人尋問）が行われることが多い。証人尋問が終了すると，当事者から特に主張立証の追加がなければ，弁論が終結する。多くの事案では，当事者は弁論終結前に証人尋問の結果も踏まえた最終準備書面を提出する。

この過程ないし弁論終結後しばらくの間に和解が成立しなければ，判決を受けることになる。

(3) 裁判期日の対応

裁判期日では，当事者が期日までに提出した主張の陳述を行い，証拠を提出する。主張の陳述は，前述のとおり，基本的には提出した書面のとおりに陳述することによって行われる。

証拠は，提出された証拠の取調べを行う。原本で提出された証拠は，その場で原本の確認を行う。当事者は，証拠について異議があれば述べる。

あっさりした期日だと，この書面の陳述と証拠の取調べが行われ，次回期日が指定されるだけで終わることもある。

① 口頭弁論期日

　口頭弁論期日は，裁判所と当事者に距離もあり，また，裁判所も期日のためにそれほど時間を確保していないことが多いため，特に上記のように書面の陳述と証拠の取調べ，次回期日の指定だけで終わる傾向が強い。口頭弁論期日では，当事者の主張や証拠の内容について，踏み込んだ議論がされることは必ずしも多くはないし，ごく例外的な場合を除いて，当事者から積極的に主張立証の内容をプレゼンするようなことはしない。

　それでも裁判所から当事者の主張立証について質問がされたり，指示がされたりすることがある。こうした裁判所の質問や指示は，よく聞いて，その趣旨を理解しなくてはならない。裁判所の質問や指示は，裁判所の関心がどこにあるのかを示す場合もある。もちろん，純粋に当事者の主張立証の内容がわからないということで質問がされる場合もあるが，自らの主張立証の内容が裁判所に伝わっていないということであるから，その場で回答して裁判所の納得が得られないようであれば，主張や立証を見直す必要がある。即答できるものは即答すべきであるが，誤ったことを述べるのは避ける必要があるので，慎重に回答する観点から持ち帰って検討し，場合によっては，改めて書面を提出する場合もある。

② 弁論準備手続期日

　弁論準備手続期日は，もともとの目的が争点および証拠の整理のためであり，当事者の主張立証の内容について，裁判所と当事者が議論，協議することによって，適切に争点を整理することが予定されている。公開の法廷ではなく，非公開の準備室等で行われるため，裁判所とも，相手方当事者とも距離が近い。そのため，弁論準備手続期日では，裁判所に主張立証をよりよく理解してもらうために，当事者から積極的に主張立証の内容をプレゼンすることが期待されるし，また，裁判所も当事者に対して率直な意見や質問を投げかける。自らの事件に対する見立てが裁判所の理解と違っていると感じれば，軌道修正を図ったり，場合によっては，裁判所の理解を正す努力をする必要もある。

　また，こうした議論を充実したものにし，裁判官の問題意識を十分に把握し，反対に，裁判官に当事者の問題意識を理解してもらうためにも，相手方が準備書面と証拠を提出した期日であっても，期日にはきちんと準備をして臨む必要

がある。相手方の準備書面と証拠を精査することはもちろん、それに対して想定される自らの主張や立証の内容を頭に描いておくべきであろう。

　なお、こうした弁論準備手続期日の性格から、重要な訴訟であれば、遠方の裁判所での期日であっても、できる限り実際に現地に赴いて期日に参加することが望ましい。電話会議で期日に参加したほうが時間やコストの面ではよいのだが、裁判官や当事者の表情も重要であるし、準備書面や証拠を示しながら議論をしたほうが効果的といえる。また、もちろん一般的に裁判官は中立・公平に努めてはいるが、電話がつながる前に相手方当事者と会話をしていることもないではない。事件の内容に直接かかわらない会話であっても、その場にいれば、裁判官の性格や、裁判官と相手方代理人との距離感などが感じ取れることもある。

③　期日報告書の作成

　期日が終了した後、記憶が新鮮なうちに期日報告書を作成する。裁判官と当事者の発言の趣旨・ポイントがわかればよいので、一言一句を再現する必要はないが、発言の流れや、言い回しが重要であることもあるので、必要に応じて会話調にするなどの工夫が必要である。

　裁判官と代理人弁護士のやりとりについては、当該事件の主張立証の構造や、実体法や手続法の知識など一定の前提をおいたやりとりとなっているので、企業の担当者としては、期日に同席していた場合でも、代理人弁護士から期日のポイントについて説明を受けたほうがよい。期日報告書についても、裁判所の訴訟指揮や当事者の発言の趣旨がわからないところがあれば、積極的に代理人弁護士に尋ねておくべきである。

第2節

準備書面の作成

1 提出期限は守る

　まず形式的なことであるが，裁判所から指定された提出期限は守ることである。裁判官は非常に多忙であり，期日の直前に準備書面を提出されても，十分に検討する時間が取れない可能性がある。自らの主張をきちんと理解し，適切に訴訟指揮を行ってもらうためには，準備書面の提出期限はきちんと守らなければならない。もし万が一，事実の調査等の関係で，提出期限に遅れそうな場合には，できるだけ早く裁判所に連絡をし，提出時期のめどを伝えるべきである。連絡もせずに提出期限を徒過するようなことがあれば，裁判所からの信頼を失いかねない。

2 簡にして要を得たものにする

　一般的に，裁判官は長大な準備書面を好まない。当事者とすれば，あれもこれも主張しておいたほうがよいのではないか，意を尽くした説明をしなければ裁判官にはわかってもらえないのではないかという思いもあるし，当事者本人や会社担当者から「こういうことを言ってほしい」といったリクエストがされることもあり，準備書面は長くなりやすい。特に企業の関係する複雑な訴訟では，そういった傾向がある。
　しかし，読む側の立場になれば当然であるが，長々とした準備書面は読むのが辛いばかりか，内容が頭に入りにくい。準備書面の作成にあたり，常に「簡にして要を得た」ものになっているかを意識することである。複雑な事案では，

ある程度の長さになることはやむを得ないこともある。しかし，その場合でも，書面の要約を冒頭に記載する，目次をつける，図や表を使用するなど工夫をして，きちんと読んでもらえて，理解してもらえるようにする必要がある。

3 期日での裁判官の発言を踏まえたものにする

　口頭弁論期日や弁論準備期日での裁判官の発言には，訴訟で勝つためのヒントが含まれていることが多い。裁判官は，それまでに提出された書面や証拠を踏まえ，判断をするにあたってのポイントを考えて期日に出席して発言する。

　そこで，たとえば，裁判官から期日で，この点について理解が難しいとか，このあたりの背景がわからないというような発言があれば，その関心事や問題意識に応える内容の準備書面にする必要がある。また，たとえば，こちら側のストーリーからすれば重要な点ではないことを，「ここが重要ではないかと思う」という趣旨の発言があれば，そもそも裁判官が誤解をしているとか，こちら側に不利な心証を抱いていることも否定できないので，裁判所の頭を軌道修正するような内容の準備書面にする必要がある。

　このように，期日での裁判官の発言は，その後の訴訟戦略にとって重要な要素となることから，期日ではきちんとメモをとり，後日，冷静かつ慎重に分析して，その後提出する準備書面に反映していく必要がある。

4 最終準備書面の作成

　最終準備書面は，弁論終結の直前に提出する準備書面であり，その名のとおり，その事件の最後に提出されるものである。準備書面の中でも，最終準備書面は，弁論の締めくくりとして重要な地位を占めている。

　最終準備書面は，これを読んだ裁判官が，判決の原案にしたいと思うような書面にすべきである。まさに，弁護士が自分が裁判官になったつもりで，判決書を書くとしたらどういう風に書くかということを念頭に書くものである。

　そのためには，争いのある事実については，どの証拠で認定すべきなのかを明示しておくのが大切であり，当該証拠が書証の場合には，書証の該当頁とそ

の内容まで引用し，裁判官が，書証を読み返さなくても，最終準備書面を読むだけで，事実関係がわかるような配慮をすべきである。

　また，人証の取調べを実施した事案では，人証調べの結果を調書の頁数まで指摘しておくのが相当であるし，重要な証言については，問いと答えをそのまま引用したうえで下線を引くなどの工夫もすべきである。

第3節 証拠の提出

1 証拠提出の目的

　証拠提出の目的は，自己の主張する事実の証明，さらに言えば，当事者間に争いのある事実の証明である。

　訴状および答弁書，その後の準備書面の応酬を経て，訴訟がある程度進行してくると，当事者間に争いがない事実と，争いのない事実が明確になってくる。前者であれば証明する必要がないが（民事訴訟法179条），当事者間で争いのある事実は，証明することが必要になる。

　どの程度の証拠を提出する必要があるのかは，裁判における「証明」がどのようなものか，すなわち，どのような状態になれば，その事実が証明されたと言えるのかの問題である。最高裁判所の判例の基準によれば，「訴訟上の立証は，一点の疑義も許されない自然科学的証明ではなく，経験則に照らして全証拠を総合検討し，特定の事実の存在を是認し得る高度の蓋然性を証明することであり，その判定は，通常人が疑いを差し挟まない程度に真実性の確信を持ち得るものであることを必要し，かつ，それで足りる。」（最判平9・2・25民集51巻2号502頁）。「高度の蓋然性」とは抽象的であるが，大方の理解としては，8割程度確かであるということなどと言われている。もっとも，証明の度合いを数値化することがもとより無理な話であり，実際のところは，「この事実はあったであろう」とか，「この事実があったとは言えまい」とかというのが実際の裁判官の心証形成であるとも言われる。

　いずれにしても，証拠提出の目的は，「特定の事実の存在を是認し得る高度の蓋然性を証明」することであり，裁判官に「通常人が疑いを差し挟まない程

度に真実性の確信を持ち得るものである」と考えてもらうことである。

2 適時の証拠提出の重要性

　当事者は，準備書面と共に，準備書面において主張した事実を証明するための書証を提出する（書証以外の証拠については後述する）。書証の提出についての基本的な考え方は，訴状に添付する証拠について述べたことと同じであるが，書証は適時に提出することが重要である。

　適時に提出されなかった証拠は時機に遅れた攻撃防御方法（民事訴訟法157条1項）として却下されることもあり得る。時機に遅れた攻撃防御方法の却下とは，当事者が故意または重大な過失によって，審理の状況を考慮して，より早い段階の適切な時期に提出できた攻撃防御方法（証拠の申出も含まれる。他には，事実主張，否認，自白の撤回などがよく問題となる）を提出しようとし，その攻撃防御方法が訴訟の完結を遅延させる場合に問題となる。本来であれば訴状や答弁書に添付されて然るべき重要な証拠を，訴訟がある程度進行した段階で提出するような場合に問題になりやすい（重要な証拠であればあるほど，相手方も抵抗を示す可能性が高い）。相手方が事実に反する主張をしたり，相手方の証人が証人尋問で事実と反する証言をしたりしたときに，主張や証言を弾劾する証拠として使用するため，あえて一部の証拠を提出せずに温存しておくことがあるが，機会を失うとその証拠を提出するタイミングを逸することがあるので注意が必要である。時機に遅れた攻撃防御方法としての証拠の却下については当事者の故意または重過失が要件となるので，実際に，その時点まで提出することができなかった証拠（たとえば，合理的な調査では存在が明らかにならなかった書証が発見された場合など）であれば却下されることにはならないが，時機に遅れて提出されたことについて合理的理由が認められなければ重過失が推定されることになるので，いずれにしても裁判所に対する説明が必要になる。

　また，時機に遅れた攻撃防御方法として却下されないまでも，証拠を出し遅れることで，その証拠の効果が十分に発揮されない場合がある（いわゆる「証文の出し遅れ」）。裁判官の心証は訴訟の進行に応じて随時に形成されていくが，

裁判官が自己の側に不利な印象をもってしまうと,「心証」とまでは言えない単なる印象に近いものであっても,それを覆すのは大変であるし,反対に,最初にいい印象を持ってもらえれば,有利に訴訟を進行することができる可能性も高まる（これが訴状,答弁書が重要な所以である）。訴訟の初期段階から当然に存在を認識しているべき証拠が後になって出てくれば,裁判官は,どうして今さらになって,そのような訴訟活動をするのかと不信,不満に思うこともある。証拠はその内容もさることながら,訴訟上,できる限り適時に提出することも,裁判官が自己に有利な心証を形成する手助けになるのである。

③ 証拠説明書の重要性

　また,証拠（書証）と共に提出する証拠説明書も依然として重要である。
　訴訟の進行により,訴訟の初期段階で提出した証拠が,その提出時点に立証しようとしていた事実と別の事実の関係で重要な証拠となることもあるが,その場合には,証拠説明書の差替えなども検討すべきである。

④ 裁判所,相手方からの証拠提出要請に対する対応

　どのような証拠を提出して,どのような証拠を提出しないかの判断は,第4節③で述べる文書提出命令等の例外的な場合を除けば,当事者の自由である。しかし,訴訟の過程において,裁判官や相手方当事者から特定の証拠を提出することを求められる場面があり得る。こうした求めに対しては,裁判官からの要請である場合だけではなく,相手方当事者の要請によるものであっても,特段の問題がない限り,基本的には,真摯かつ誠実に対応すべきである。模索的に不必要な証拠の提出を求める当事者もいないとは言えないので,時には毅然として拒絶することも必要となるが,相手方当事者だからといって,必要以上に敵対的な姿勢を取る必要はない。提出して然るべき証拠を自発的に提出しないことは,裁判官の心証に影響するおそれもある。状況をよく考えて対処する必要がある。

第4節

裁判所を通じた訴訟資料の顕出

　証拠は，(i)自ら提出するか（民事訴訟法219条前段・232条），(ii)所持者に対して送付を嘱託するか（送付嘱託。同法226条・232条），または(iii)証拠の所持者にその提出を命じることを申し立てる（提出命令。同法219条後段・232条）ことにより，裁判上にこれを顕出する[5]。

　自己の手元にある証拠については，前記**第1章**記載のとおり収集した証拠の中から，ベストエビデンスを選択して，自ら裁判所に提出して証拠を申し出る。

　これに対し，自己の主張を裏付ける証拠が自己の手元にない場合には，上記のとおり，送付嘱託または提出命令によることとなる。

　以下では，送付嘱託および提出命令と併せて，本来の証拠調べ手続を待たずに行う証拠保全についても説明する。

1　文書送付嘱託

　証拠として使用する文書が，第三者により保有されている場合には，文書送付嘱託の申立てを行うことができる。

　文書送付嘱託は，受訴裁判所が，官公署，外国の官公署等に対して，その保

---

[5] 証拠調べの方法として，これらの他に，(i)調査嘱託（受訴裁判所が官公署，外国の官公署，または学校，商工会議所，取引所，会社，研究所など公私の団体を利用し，争いのある事実の真否の判断に必要な事実の調査報告をさせ，その結果を証拠資料とする手続。民事訴訟法186条），(ii)鑑定嘱託（受訴裁判所が官公署，外国の官公署，または相当の設備のある法人に鑑定の嘱託をする手続。民事訴訟法218条）があるが，これら嘱託については，官公署や公的な機関であればこれに応じる義務があるとされるものの私的な団体にはかかる義務はないとされており，必ず実効性が確保されるわけではない。

有する文書を送付することを嘱託する手続のことである（民事訴訟法226条）。

対象物としては，文書のみならず，図面，写真，録音テープ等も含まれる（民事訴訟法231条）。しかし，自ら法令に基づいて正本または謄本を求め得る場合には，当該手続は利用できない（民事訴訟法226条ただし書）ことから，申立てを行う際には，その取得の可否について確認が必要である。不動産登記簿の登記事項証明書（不動産登記法119条１項），商業登記簿の登記事項証明書（商業登記法10条）等がこれに該当する。

送付嘱託の手続は，文書提出義務の有無にかかわらず行うことができ，また，提出義務を負う者に対しての送付嘱託の申立ても可能である。したがって，送付嘱託の申立てにより提出が期待できる相手方に対しては，無用な費用と手間を省くため，まずは送付嘱託の申立てを行う。

手続としては，当事者の申立て→裁判所による送付嘱託の決定→所持者に対する告知→所持者による送付という手続を経て，裁判所に当該文書が到着する。送付された文書は，ただちに証拠となるわけではなく，当事者がそのうち必要なものを書証として提出することにより初めて証拠となり，証拠調べが行われる。

なお，文書送付嘱託を受けた者のうち，官公署については原則としてこれに応じる義務があると解されるが，私人についてはそのような義務はないとされている[6]。

2　訴訟記録取寄せ

文書送付嘱託の対象となり得る文書の１つとして，受訴裁判所の保管する他の事件の訴訟記録がある。かかる訴訟記録を証拠として申し出る場合には，わざわざ民事訴訟法226条に基づく手続を行うのではなく，記録の提出を受訴裁判所に請求すれば足りる。受訴裁判所の属する官公署としての裁判所の保管する訴訟記録（たとえば，東京地裁民事38部に係属している事件に関する場合における，東京地裁民事２部の保管する訴訟記録）についても，同様の取扱いが

6　東京地判昭50・２・24判時789号61頁（文書送付嘱託先が検察官の事案）。

なされていることから，同様に，民事訴訟法226条の手続は不要である。

　他方で，他の官公署としての裁判所の保管する訴訟記録（東京地裁民事38部に継続している事件に関する場合における京都地裁第3民事部の保管する訴訟記録）の場合には，そのような取扱いはなされないため，自ら謄写等をする必要がある。

　なお，訴訟記録の閲覧謄写が制限される場合（民事訴訟法92条）には，このような記録取寄せは認められない。

3　文書提出命令

　相手方や第三者が保有する文書について，実務において頻繁に活用され，また一番効果的と考えられる顕出方法は，文書提出命令である。

　文書提出命令とは，訴訟の相手方当事者または第三者が特定の文書を所持し，かつ当該文書の所持者が文書の提出義務（民事訴訟法220条）を負う場合に，当該文書の所持者に対し，当該文書の全部または一部の提出を命じる裁判所の決定である。相当広範囲に文書提出義務が課されていること（民事訴訟法220条），および文書提出命令に従わない場合の制裁が明文で定められている[7]ことから，強制力があり，非常に有用な手続である。

　提出命令の対象物には，文書のみならず，図面，写真，録音テープ等も含まれる（民事訴訟法231条）。問題は，そのような文書等のうち，どの範囲で提出義務が課されているか，という点である。

　文書提出義務が課されている文書の分類は，次頁の表のとおりである。文書提出命令の申立て（民事訴訟法221条）がなされると，文書提出義務があるか否かについての審理が行われる。審尋手続は，裁判所が文書提出命令を発令する場合にのみ行われる（民事訴訟法223条4項）。その際，一般義務文書の例外に

---

[7] 文書の所持者が訴訟の当事者（相手方）であるときに，文書提出命令に従わない場合（または申立人の当該文書の使用を妨げる目的で提出の義務がある文書を滅失等させた場合）には，裁判所が，当該文書の記載に関する申立人側の主張を真実と認めることができるとされる（民事訴訟法224条）。また，文書の所持者が訴訟の当事者でない第三者の場合には，裁判所は20万円以下の過料を科すことができる（民事訴訟法225条）。

該当するか否かについては,いわゆるインカメラ[8]手続が執られ,裁判所により判断される。

【文書提出義務が課されている文書】

民事訴訟法	内　　容
220条1号	引用文書： 当事者が訴訟において引用した文書を自ら所持するとき
220条2号	引渡しまたは閲覧請求の対象となる文書： 立証する側が,文書の所持者に対して,当該文書の引渡請求または閲覧請求をすることができるとき
220条3号	利益文書：当該文書が立証する側の利益のために作成されたとき
220条3号	法律関係文書： 立証する側と当該文書の所持者との間の法律関係について作成されたとき[9]
220条4号	一般義務文書： 以下のいずれにも該当しないとき ①　証言拒絶該当事由が記載されている文書（4号イ・ハ） ②　公務秘密文書で提出することにより公共の利益が害されるおそれがあるもの（4号ロ） ③　もっぱら当該文書の所持者の利用に供するための文書（自己使用文書。4号ニ） ④　刑事訴訟記録等（4号ホ）

　実務上よく問題となるのは,一般義務文書の例外とされている自己使用文書（内部文書（民事訴訟法220条4号ニ））への該当性である。裁判所は,内部文書のうち,意思形成過程文書と周知伝達文書を区別して,意思形成過程文書につ

---

[8]　文書の所持者に対して当該文書を裁判所に提示させ,必要があればこれを一時的に保管し,裁判所のみがこれを確認する手続であり,提示された文書の開示を求めることは一切できない（民事訴訟法223条6項）。

[9]　もっぱら自己使用の目的で作成した文書については,法律関係文書に該当しないという考え方がある。最決平11・11・12民集53巻8号1787頁においては,220条4号ニの自己使用文書に該当する以上,同条3号後段の文書には当然該当しないと判示している。同旨の裁判例として,最決平11・11・26金判1081号54頁,最決平12・3・10判時2136号9頁等がある（上記裁判例はいずれも平成13年法律96号による改正前の民事訴訟法220条4号ハに関する判断）。

いては文書提出義務を否定し，単なる周知伝達文書についてはこれを肯定している。

　最決平11・11・12民集53巻8号1787頁は，銀行から融資を受けた者（の相続人）が，銀行側が過剰な融資を行ったとして安全配慮義務違反を主張した事案において，貸出稟議書についての文書提出命令の申立てが却下された事案である。同決定において，裁判所は，もっぱら当該文書の所持者の利用に供するための文書（民事訴訟法220条4号ニ）の判断基準を示し，以下のように判示して，銀行における貸付稟議書は自己使用文書であると判断している。すなわち，ある文書が，自己使用文書に該当するため文書提出義務を負わないと言えるのは，(i)「その作成目的，記載内容，これを現在の所持者が所持するに至るまでの経緯，その他の事情から判断して，専ら内部の者の利用に供する目的で作成され，外部の者に開示することが予定されていない文書」であること，(ii)「開示されると個人のプライバシーが侵害されたり個人ないし団体の自由な意思形成が阻害されたりするなど，開示によって所持者の側に看過し難い不利益が生ずる恐れがあると認められる場合」であること，(iii)「特段の事情がない」ことの3要件を満たした場合であるとする。そして，銀行の貸出稟議書については，「銀行内部において，融資案件についての意思形成を円滑，適切に行われる文書であって，法令によってその作成が義務付けられたものでもなく，融資の是非の審査に当たって作成されるという文書の性質上，忌憚のない評価や意見も記載されることが予定されているものである。したがって，貸出稟議書は，専ら銀行内部の利用に供する目的で作成され，外部に開示することが予定されていない文書であって，開示されると銀行内部における自由な意思の表明に支障を来し銀行の自由な意思形成が阻害されるおそれがあるものとして，特段の事情がない限り「専ら文書の所持者の利用に供するための文書」に当たると解すべきである」と判示している。

　他方で，最決平18・2・17民集60巻2号496頁は，銀行から融資を受けた者が当該融資契約は錯誤により無効である旨主張した事案において，銀行側の社内伝達文書についての文書提出命令が認められた事案である。同決定においては，上記最決平11・11・12に言及しながらも，銀行内部で情報を周知するための伝達文書は，銀行の「内部の意思が形成される過程で作成される文書では

な」く，その開示により銀行の「自由な意思形成が阻害される性質のものではない」と指摘し，「個人のプライバシーに関する情報」や銀行の「自由な意思形成が阻害されたりする」等の事情もなく，開示によって銀行に「看過し難い不利益が生ずるおそれがあるということはできない」と判示して，民事訴訟法220条4号ニに定める自己使用文書には該当しないと判断している。

企業においては，作成目的，記載内容，作成者および名宛人，部外秘扱い等によって文書を明確に区別し，その中でも特に周知伝達文書については，文書提出義務が認められることに留意が必要である。

4　検証物送付嘱託，検証物提出命令

検証物については，書証の申し出に関する規定（民事訴訟法219条），文書送付嘱託の規定（民事訴訟法226条），文書提出命令に関する規定（民事訴訟法223条～224条）がいずれも準用されており（民事訴訟法232条），上記のルールがあてはまる。

5　証拠保全（民事訴訟法234条）

証拠保全とは，訴訟における証拠調べの対象となることが予想される証拠について，本来の証拠調べの時期を待っていては取調べが極めて困難または不可能になってしまう事情（保全事由）がある場合に，証拠資料を保全するためにあらかじめ証拠調べを行う手続である。証拠保全は，必ずしも訴訟係属を待たずとも，訴訟提起前にも申し立てることができる（民事訴訟法235条2項）。

保全事由には，(i)証拠の客観的な変質（証人の死期や外国への移住，検証物の変質等）により証拠調べが困難になる事情や，(ii)証拠に対する支配者による行為（文書の改ざん等）により証拠調べが困難になる事情のほか，(iii)将来の証拠調べに著しい費用の増加が見込まれる場合にも証拠調べが困難になる事情があると解される。いずれの場合であっても，個別の事情が具体的に主張され，かつ疎明される必要がある[10]。

なお、証拠保全は、訴訟提起前においても申し立てることができるため、証拠保全を受ける側としては、何らの事前の連絡がなく裁判所から突然に証拠保全決定書が届くこともある。そのような場合には、法務担当者が取り仕切り、ただちに弁護士に連絡をすることはもちろんのこと、会社の通常の営業に影響が極力出ないように対応する必要がある。また、保全手続の最中には、文書提出義務がないことを理由に提出を拒否すべき場面や、それを受けて、立合いの裁判官が口頭で文書提出命令を発令し、それに対して即時抗告（民事訴訟法223条7項）をしなければならない場面もあることから、弁護士との連携が必要不可欠である。

10　広島地決昭61・11・21判時1224号76頁。

第5節

鑑定, 意見書

1　鑑定の意義・役割

　裁判官は経験則に基づいて事実認定をするが，事案によっては裁判官が備えていない高度に専門的な経験則に依拠する必要なこともある。経験則も立証の対象である以上，そのような高度に専門的な経験則について立証責任を負っている当事者は，それを証明しなければ勝訴できないこともあろう。

　鑑定は，そのような専門的経験則を事実認定の証拠資料とするための証拠調べである（民事訴訟法212条以下，民事訴訟規則129条以下）。鑑定の対象となるのは，具体的な事実ではなく，証拠の評価や証拠に基づく事実の推認および間接事実による主要事実の推認などの過程で作用する経験則である。また，外国法規も鑑定の対象となる。企業関係訴訟においても，会社の株式や不動産の価値が問題となる事案などでは，その点について鑑定が行われることは多い。

2　裁判所における鑑定

　当事者が裁判所における鑑定を希望する場合，裁判所に対して，鑑定を求める事項を記載した書面（鑑定申出書）を提出する。これに対して，裁判所がその要否を判断して，必要な場合には鑑定人を指定する。多くのケースでは，当事者が鑑定の申出をする前に，裁判所と当事者で鑑定の要否や鑑定事項などについて協議をしているので，当該申出がされれば，裁判所は速やかに採用をして鑑定人を指定することになる。裁判所には鑑定人候補者の名簿があり，通常は，その名簿から事案に即した適任者が指定される。地方の裁判所では適任者

がいない場合，周辺の大規模庁（高等裁判所所在地の地方裁判所など）に適切な鑑定人を紹介してもらうケースもある。なお，鑑定人の指定にあたっては，鑑定の申出を行った側に予納金の納付が命じられる。この予納金は鑑定人の報酬に充てられるが，最終的には訴訟費用として判決において当事者間の負担割合が決められる。

　裁判所が鑑定人を指定する場合，通常は，鑑定人が弁論準備手続期日等に出席して，裁判官や両当事者と鑑定事項や鑑定における前提事実を確認する。そのうえで，鑑定人は，当事者に資料の提出を求めたり，関係者との面談や現地調査などを実施したりしたのち，意見を記載した書面（鑑定書）を作成して裁判所に提出する（法律上，鑑定人は口頭で意見を述べることとでも足りるが，ほとんどのケースで書面が作成される）。

　裁判所に提出された鑑定書について，当事者から質問があれば，それを質問する機会が与えられることが多い。鑑定人は，当事者からの質問に対しては書面で回答をする。また，事案によっては，鑑定事項が追加されて更なる鑑定が行われることもある。そこで，当事者としては，鑑定人から鑑定書が提出された場合には，当該分野で専門的な知見を有する者に意見を聞くなどしながら鑑定書を分析して，質問の有無や指摘すべき誤りの有無，さらには鑑定事項の追加の要否を検討することになる。

　なお，裁判所は，鑑定結果に必ずしも拘束されるわけではない（自由心証主義）。もっとも，裁判所が備えない専門的な知識を補完するために鑑定が行われていることから，ほとんどのケースで鑑定結果に依拠した判断がなされる。当事者としては，そのあたりは十分考慮しながら，裁判所による鑑定を申し出るかを判断する必要がある。

3　当事者による鑑定書（意見書）の提出

(1)　鑑定書の取得・提出の要否

　鑑定が必要な事案では，当事者自らが鑑定人を選定して鑑定書（意見書）を取得して，それを書証として提出することも多い。裁判所における鑑定とは異なり，鑑定書の作成費用は自ら負担する必要があるが，裁判所における鑑定は，

誰が鑑定人として選ばれるかもわからず，鑑定結果を予測することも難しい。そのため，訴訟を有利に進めるためには，ある程度の費用は負担したとしても，できる限り自ら鑑定人を選定して鑑定書を取得するのが望ましい。自らで鑑定書を取得して書証として提出しておくことで，その後，仮に裁判所における鑑定を行うことになったとしても，書証として提出されている鑑定書が，裁判所が指定した鑑定人に一定の影響力を及ぼすことも期待できる。

(2) 鑑定書作成の留意点

　鑑定書を準備するにあたっては，まず，誰に鑑定書を作成してもらうかという点を検討する。裁判所に証拠として提出する以上は，信用性が高い鑑定書にする必要がある。もちろん，鑑定人が誰かということのみで信用性が決まるわけではないが，裁判における鑑定に豊富な経験と実績がある鑑定人のほうが信用力が高まる傾向にある。特に，上記のとおり，企業関係訴訟で多く問題となる株式の価値や不動産の価値については，裁判所における鑑定が行われることが多く，裁判所が鑑定人として指定する公認会計士や不動産鑑定士もある程度決まっている。そういった公認会計士や不動産鑑定士に鑑定書を作成してもらうということも考えられる。

　鑑定書を誰に作成してもらうかが決定したら，次に，鑑定の前提となる事実を整理する。たとえば，株式価値の算定にあたっては，その会社の財務諸表や業績，事業計画等といった資料を整理して鑑定人に提出する必要がある。鑑定は，ある一定の事実を所与の前提として行われるが，仮にその事実自体を相手方から争われ，事実として認められなかった場合には鑑定結果に影響が生じる。そのため，鑑定書を作成してもらうにあたっては，いかなる事実を所与の前提とするか，当該事実を裏付ける客観的資料は十分揃っているか，当該事実が認定されない可能性がないかということを十分検討しておく必要がある。検討の結果，裏付け証拠が不十分で，相手方から争われた場合には当該事実が認定されない可能性がある場合には，当該事実を所与の前提する必要性がどの程度あるのか，当該事実が認定されない場合（あるいは所与の前提としない場合）に鑑定結果にどのような影響が生じるのかなどを鑑定人と協議し，場合によっては当該事実を所与の前提としないで鑑定書を作成するということも考え

第5節　鑑定，意見書

る必要がある。

　前提とする事実が確定したら，鑑定人に鑑定書を作成してもらうことになる。勝訴するためには，できる限り有利な鑑定結果にしてもらいたいというのが当然ながら当事者としての真意である。もっとも，鑑定人は専門家であるから，その内容について口出しすることは容易ではない。また，無理な鑑定結果を求めたのでは証拠としての信用性に欠ける。とはいえ，鑑定結果に至る過程において，論理的整合性や合理性が担保されているかに十分留意しながら，「こういう考え方はないか」とか「こう考えたほうが合理的ではないか」といった形で鑑定人と意見交換をして最終的な鑑定書を作成していくことが必要である。

第4章

証人尋問

　当事者双方が，準備書面や証拠（主に書証）の提出により，主張立証を尽くし，争点が整理されたら，次は証人尋問に進むことになる。事実関係に争いがない場合には証人尋問が行われないということもあるが，当事者の納得のために審理を尽くすという観点もあって，証人尋問が行われるケースは多い。証人尋問で裁判所の心証が変わる事件が大多数ということはないが，証人尋問で心証が変わることも決して少なくはなく，「勝つ」ためには証人尋問も手を抜くことは許されない。

　本章では，証人尋問を行うにあたって，証人の選択，証人尋問までの段取り，証人尋問の前に提出する陳述書の作成の留意点について解説したうえで，証人尋問を実施するにあたっての準備をどのようにするかという観点から，証人尋問の流れ，主尋問や反対尋問の目的等を整理し，それぞれに臨む心構えや予行演習について解説する。

第1節 証人尋問の実施の検討

1 証人尋問の必要性の判断

　証人尋問は，通常，双方の主張が整理され，また，必要な書証がすべて提出された段階で行われる。いわゆるお互いの主張立証が出尽くした状態である。
　主要な事実関係，すなわち，事件の結論を左右する可能性のある事実関係について争いが残っていれば，その立証のために証人尋問を行うことになる。逆に言えば，そうした事実関係には争いがなく，背景事情や細かい事実関係での争いがあるだけであれば，証人尋問を実施する必要はない。
　事実経緯や相互のやりとりについて書類，メールなどの書証が残ることの多い企業間の訴訟の場合には，多くの事実関係には争いはなく，訴訟の帰趨は，その事実関係をどのように評価するかによって決するような場合があるが，そういう場合であれば，証人尋問は不要である。また，争点が，法律の解釈だけのような場合にも証人尋問を実施する必要はない。
　証人尋問を実施するとなれば，その準備のためのエネルギーや，証人となる者のストレスも相当なものがあり（人生で何度も証人として裁判所に出廷する人は珍しいであろう），証人尋問の必要性はよく検討する必要がある。
　もちろん立証に不足があってはいけないので，証人尋問について謙抑的に考える必要はない。ただし，裁判官によっても考えは異なるが，少なくとも，6割以上の事件では，証人尋問の前後で裁判官の心証が変わることはないと言われている[1]。裁判官は，書証での立証で要件事実が「あった」か「あったとはいえない」かの心証を概ね形成しており，証人尋問は，それを確認する場であると位置付けていることが多いようである。逆に言えば，証人尋問の結果，書

証に記載されている内容の意味が裁判官が考えていたことと違っていたというようなことがあれば心証が覆ることがあるということである。その観点からすれば，重要な書証が作成された経緯や理由，他の書証との整合性等といった，裁判官が当該書証の文言を解釈するにあたって重視するであろう事実関係を証人尋問で明らかにすることができるかという点を一つの重要なポイントとして，証人尋問の要否や人選，尋問事項を検討していく必要があろう。証人尋問というと，紛争に思い入れの強い当事者ほど，あれもこれもと言いたくなるのであるが，ポイントを絞って裁判官の心に響く尋問を心掛ける必要がある。

なお，民事訴訟法上，証人と当事者本人（法人の場合は代表者）の尋問は区別されているが（民事訴訟法190条・207条），実務上，証人尋問と当事者尋問との違いはさほど大きいものではない。以下，証人尋問に関する記述については，特に断りが無い限り，基本的には当事者尋問でも同様である。

2　証人の選択

証人尋問が必要だと判断した場合であるが，原則としては，証人とすべきは，関連する事実を直接に体験し，かつ，その中でも最も関係の深い者である。争いのある事実が複数ある場合には，トピックごとに実体験を有する者が異なる場合もあるし，重要な事実関係について，異なる立場・視点の者から複数の証言を得たほうがよい場合もあるから，証人が複数となる場合もある。

証人の人選とはいっても，争いのある事実について証言をすることのできる立場にある人は限られているから，実際はさほど選択肢の幅はない。その中で最も適任と目される者を選ぶことになる。

適任者とは，最大公約数で言えば，過不足なく，正確に事実を述べることができる者である。一般論とすれば，質問に即した回答をしない傾向にある者や，質問者に迎合して事実と異なることを回答する傾向にある者，感情的になりやすい者などは，証人尋問には不向きである。しかし，裁判所に証人として出廷

1　那須弘平＝高橋宏志＝加藤新太郎ほか「座談会 民事訴訟における証人尋問 弁護士，裁判官の意識調査アンケートをもとに」判タ1109号11頁。

し，宣誓のうえで，裁判所，原告代理人，被告代理人に囲まれて，傍聴席からも視線を浴び，自分が喋ったことが訴訟の帰趨を左右するかもしれないなどという状況は，明らかに日常とは異なる。このような状況で誰が適切な証言をするかを予測するのには限界がある。また，そもそも証人候補者が証人尋問に不向きだからといって，その者の証人尋問を避けては通れないという場合もある。よほどのことがなければ，当該事実について，最も深く関与した者ということになるであろう。

　現実には，訴訟の準備段階から，事実関係の調査，資料の収集を行い，何を主張立証する必要があるか，書証が欠けているのは，どの事実かなどの分析を行って訴訟追行をしてきているのであるから，当該事件で証人となるべき者が誰かは，訴訟の初期段階から念頭に置かれている。争点整理の結果にもよるので，証人候補者に変更が生じることはないではないが，企業の法務担当者としては，いざ証人尋問となったときに，証人候補者を確保できるように努めておく必要がある。特に，退職，転勤などで距離が離れてしまう場合には，連絡先を確保しておくことである。あらかじめ証人尋問の可能性があることを本人に伝えておくかどうかは微妙な判断であるので（証人尋問されると思うと協力してくれなくなる者もいないではない），代理人弁護士にも相談したほうがよい。

第2節

証人尋問までの段取り

1 証人申請（証拠申出書の作成）

　証人尋問を行うことが必要だと判断した場合，裁判所に証拠申出書を提出する。証拠申出書には，証人を表示し，立証趣旨および尋問事項（民事訴訟規則107条）を記載する。また，主尋問に要する時間の見込みを記載する（民事訴訟規則106条）。

　尋問事項については，「できる限り，個別的かつ具体的に記載しなければならない」とされているが（民事訴訟規則107条2項），実務上は，必ずしも詳細な尋問事項が記載されていないことが多い。尋問事項の内容は，立証趣旨の記載と相まって，当該証人の採否を判断する資料となるから，裁判所の目から見て，証人尋問の必要性が自明ではないと思われる証人や，第三者証人（呼出証人）については，裁判所に必要性を十分に理解してもらうためにも，尋問事項および立証趣旨の記載は充実させるべきである。

　主尋問の時間については，後述するように陳述書を提出し，肝心の部分のみを尋問で供述する前提で考えればよいので，大抵の事件では，15分から30分もあれば十分である[2]。また，反対尋問の時間は，主尋問の時間を基準に議論されることも多く（「主尋問と同程度」，「主尋問の2倍程度」など），いたずらに長い反対尋問を受けないためにも，主尋問の時間をあまり長時間とることは得策ではない。

---

[2] 那須弘平＝高橋宏志＝加藤新太郎ほか「座談会 民事訴訟における証人尋問 弁護士，裁判官の意識調査アンケートをもとに」判タ1109号12頁。

2 陳述書の作成

　自社側の証人（同行証人）については，証人尋問前に陳述書を作成し，書証として裁判所に提出する。陳述書の主な役割は，主尋問で証人が述べるべき内容をあらかじめ書証のかたちで裁判所に顕出することで，主尋問の代替・省略を図ることである。陳述書の提出のタイミングは，証拠申出書と同時のこともあるし，証拠申出書を提出し，証人決定がされた後に提出することもある。

　陳述書に記載すべき内容は，証人がどのような立場の者か（経歴，当事者との関係，事件との関係など）と，争点に関連する事実関係である。

　証人の立場は，証人の信用性に影響する。証人が会社に何年勤務し，どのような職場を経験してきたのかなどは，証人がどういった分野に知識・経験を有するのかを示すものである。また，どのような立場で当該事件に関わっているかにより，その証人の述べることが，自分が直接体験をしたことなのか，どの程度の関心をもって事実関係に関与してきたのかなどがわかり，陳述書の内容や証言の内容の説得力が増すことになる。

　争点に関連する事実関係は，当然ながら重要である。実務上，特に企業関係の訴訟では，陳述書は弁護士が証人からヒアリングした内容をもとに起案することが多いが，準備書面の繰り返しのようなものであってはならない。証人が供述すべきものは，自らが体験した事実であって，主張そのものではない。準備書面そのままのような陳述書は，まさに「弁護士の作文」と言われるものであり，信用性もない。

　企業関係の訴訟では，書証となるものが多く，重要な争点となる事実関係についても，書証に記載されている内容が軸となる。書証は点を，証人は書証間を結びつける線・面を立証するなどとも言われており，書証で立証される事項や争いのない事項を中心に，それをつなぐストーリーを語ることが必要となる。そのためには必要に応じて背景事情に言及したり，書証の読み方に不明瞭なところがあれば，書証をどのように理解すべきかを述べることも必要になる。そのうえで，書証では直接立証されていないが，重要な事実関係について，陳述をすることになる。陳述書でどの程度まで述べておくか，何を主尋問で述べる

ことにするかは，戦略的な判断である。

　また，陳述書は，一方当事者の視点で書かれるものであるから，自己に有利な内容が書かれているのが通常であるが，反対尋問で必ず聞かれるであろうことについては，あらかじめ書いておくということもある。書いてしまえば，反対尋問の材料ともなり得るが，そもそも，書いておかないとストーリーが不自然なものとなって，裁判所に疑問を持たれることもあるし，また，口頭で説明すると誤解を与えやすいが，意を尽くして文字で表現すれば，ちゃんと理解をしてもらえることも往々にしてあることである。これも戦略的な判断ではあるが，ストーリーに必要なパーツであり，きちんと説明のつくものであれば，記載してしまったほうがよいであろう。

　なお，事件によっては，証人尋問前に至らない段階，すなわち，訴訟の初期段階や主張と書証の応酬が行われている中途の段階で，陳述書を提出することもある。この場合の主な陳述書の役割は，当該事件のストーリーを一貫したかたちで裁判所に説明することであることが多い。企業同士の訴訟では，それなりに書証が揃っており，主張と書証である程度のストーリーを示すことが可能な事件が多いが，書証が乏しい事件や，双方の主張が入り乱れて対立し，主張と書証だけでは一貫したストーリーが裁判所に見えづらいことが懸念される事件では，こうした陳述書を提出する必要があることもある。

3　証人尋問を経ない陳述書の証拠価値

(1)　陳述書と証人申請の要否

　陳述書を書証として提出したものの，当該陳述書の作成者について証人尋問の申出をしない場合，当該陳述書の証拠価値は認められるのか。

　一般に，陳述書は，反対尋問を経ていないこと，偽証に対する制裁による真実性の担保がないことから，法廷での証言よりは証拠価値は劣ると考えられている。もっとも，相手方が反対尋問を求めなかったり，陳述書の作成者の尋問を申請しない場合には，反対尋問がなされていない陳述書についても証拠として用いることができると考えられている[3]。

　したがって，陳述書を提出したからといって，証人尋問を申請しなければ，

当該陳述書が証拠とならないということにはならない。訴訟上，さほど重要ではなく，かつ，当事者間に深刻な争いのない事実関係や，証拠の説明などに関し，当事者の一方から陳述書が提出され（タイトルは「報告書」などとされることもある），相手方当事者からも特に異論が出されず，証拠として採用されるということはよくあることである。

(2) 陳述書の作成者につき証人申請されない場合の対応

相手方が陳述書を提出したにもかかわらず，当該作成者の証人尋問を申請しない場合は，どのように対応すればよいか。陳述書の内容が特に争う必要のないものであればよいが，その内容を争っておきたい場合には対応を検討する必要がある。

上記の見解を踏まえれば，(i)当該作成者の証人尋問を当方から申請するか，(ii)準備書面等において反対尋問を経ていない陳述書であり，当該陳述書には証拠価値が低い旨を主張しておくことが考えられる。さらには，(iii)陳述書の証拠調べにあたって異議を述べて「陳述書の信用性には疑義があるので，裁判所において，そのことを留意すべきである」旨を調書に記載してもらうという方法もある[4]。

上記(i)から(iii)のうち，(ii)および(iii)は反対尋問権を放棄するものではないことを明確にしておく一方的な行為であるが，(i)は相手方に有利な供述（当方に不利な供述）をしている者（敵性証人）の尋問を自ら申請するということになる。したがって，(i)を選択するかどうかは慎重な判断が必要となる。

相手方が陳述書を提出しておきながら証人申請をしないのであるから，法廷には立たせたくない，反対尋問をされると「ボロ」が出ると考えている可能性はある。そこで，法廷に呼び出して証言をさせるというのも戦略としては考えられる。もっとも，実際のところ，証人尋問で敵性証人が「ボロ」を出して訴訟が当方に有利になるというケースは，そう多くない。敵性証人が「ボロ」を

3　東京地方裁判所プラクティス委員会第二小委員会編著「効果的で無駄のない尋問とは何か」判タ1340号52頁。
4　岡山弁護士会民事委員会編著『Q&A証拠説明書・陳述書の実務』（ぎょうせい，2014年）179頁。

出すことをある程度の確度をもって期待できるのは，陳述書の内容が客観的な証拠や争いのない事実関係と矛盾している場合であるが，そのような場合であれば，反対尋問ではなく，主張によって直接に陳述書の内容を攻撃すればよく，反対尋問をするメリットはさほど大きくない（むしろ，証人がうまい言い逃れをしてしまった場合のリスクのほうが大きいこともある）。そもそも，上記のとおり，裁判官は証人尋問がなされる前の段階で書証に基づいて，ある程度心証を形成している。また，証人尋問を経ていない陳述書は証拠とできるものの，その価値は著しく低いと考えられている。そうだとすると，当該陳述書の作成者を尋問しても，あまりメリットがない。そのため，(i)を選択する場面というのは，争点や他の証拠（特に書証）との関係で，当該陳述書の内容が看過しがたいものであり，かつ，その作成者に対する証人尋問（反対尋問）で，陳述書内容の信用性を弾劾できると考える根拠がある場合で，しかも，当該陳述書の作成者に証言させることがこちらにとって必要不可欠という限られた場合に限定されると考える。

第3節 証人尋問の準備

1 証人尋問の流れ

　証人尋問当日，証人は，最初に，「良心に従って真実を述べ，何事も隠さず，また，何事も付け加えないことを誓う」旨の宣誓を行う（民事訴訟法201条，民事訴訟規則112条）。宣誓をした証人が，記憶に反する陳述をすれば偽証罪となる（刑法169条。陳述が，事実に反しているか否かの問題ではなく，証人の記憶に反しているかが問題である。ただし，当事者尋問の場合には，偽証罪の適用はなく，過料（民事訴訟法209条）の制裁があり得るのみである）。

　その後，証人尋問が実施されるが，原則として，主尋問（申請者の質問）→反対尋問（相手方の質問）→再主尋問（申請者の再質問）→補充尋問（裁判官の質問）という流れで行われる（民事訴訟法202条1項）。証人が複数いる場合の尋問の順序としては，裁判所の訴訟指揮ないし裁量によるが，原告側申請証人→被告側申請証人の順で行われるのが通常である。証人尋問と当事者本人尋問では，当事者本人尋問のほうが後に実施される。たとえば，原告が証人1名，当事者1名の尋問を申請し，被告が証人1名の尋問を申請していた場合では，原告側申請証人→原告本人→被告側申請証人の順に尋問が実施されることが多い。

　複数の証人が証言する場合には，公平性の観点から，後から尋問される証人は，前の証人の尋問を傍聴できないことが原則である。ただし，他の証人の証言を聞かせたほうが記憶喚起の観点から効率的であるなどの場合には，当事者の意見も聞いて，後から尋問される証人の在廷が許されることがある（民事訴訟規則120条参照）。

当事者本人については，傍聴人ではなく，当事者本人として在廷することが可能であるので，後に当事者本人尋問を行うことが予定されていても，前の証人の尋問をその場で聞くことができる。

反対に，尋問を終えた証人が自分よりも後に行われる証人や当事者本人の尋問を傍聴することは自由である。ただ，尋問終了後に証人が在廷していると，仮に後の証人の尋問で矛盾するような証言がされた場合に，その場で呼出を受けて再度尋問を受ける可能性も皆無ではないから，一般的には，自分の尋問が終わった証人は帰宅するか，待合室で待機するなど，法廷からは退出しておいたほうがよい。

なお，上記のような一人の証人に対する主尋問→反対尋問→再主尋問→補充尋問という通常の流れとは異なり，複数の証人や本人を対席させて同時に取り調べられる対質という証人尋問の方法もある（民事訴訟規則118条・126条）。対質は同一の事実関係について，証人や本人の間で供述に矛盾が生じることが予想される場合に，複数の証人や本人を同時に取り調べることで，それぞれの証人・本人の供述内容の合理性を吟味するのに有効であると言われる。通常の証人尋問であれば，後から尋問される証人に対して「前の証人はかくかくしかじかと証言していたが，本当か」と尋ねることはできても，その回答を踏まえて前の証人に再度尋問を行うということは稀であり，供述の矛盾を対照しながら突き詰めていくということは難しいが，対質であれば，その場で臨機応変に双方に対して問いを発することができる。近年は，対質の利用が高まっている傾向にあると言われている。対質を実施する場合には，当事者の代理人弁護士ではなく，裁判官からそれぞれの証人・本人に対し尋問が始められることが多く（民事訴訟規則118条３項参照），同じ質問に対して複数人に回答させたり，他の証人・本人の供述の真否についてどのように考えるかを尋ねたりするなどして，その特色を生かした進め方がされる。

2 主 尋 問

(1) 主尋問の目的

主尋問の目的は，自己に有利な事実関係の立証である。自己に有利な事実関

係は，究極的には主要事実であるが，主要事実そのものを立証できない場合には，主要事実を推認させる間接事実を立証する必要がある。また，証拠の証明力の影響に判断を及ぼす補助事実を立証する必要がある場合もある。

　当然であるが，自己に有利な事実関係といっても，何でもかんでも思いつくままに尋問すればよいというものではなく，争いのある重要な事実関係に絞って尋問をすることが必要である。それまでに争点整理がされていることから，どのような事実関係に争いがあるかは概ね把握されているし，争いがあっても，書証で立証十分と思われるものについて，証人の供述で立証する必要はない。また，何が重要な事実関係かは評価の問題ではあるが，立証活動の目的は，究極的には裁判官の心証を得ることにあるから，裁判官がどのような間接事実や補助事実を重要なものと捉え，関心をもっているかをよく推知する必要がある（これはそこに至るまでの訴訟指揮や期日での裁判官の発言から探ることになる。また，複数の証人の証人尋問を行う場合には，その過程の裁判官の補充尋問などで，裁判官の問題意識が見えることもある）。

(2) 主尋問に臨む心構え

　主尋問に臨む心構えとしては，裁判所での証人尋問とは，日常の会話とは異質のものであり，訴訟上の立証活動であること，裁判官に自分の証言を聞いてもらい，正しく理解してもらうためのものであるということである。

　まず，訴訟上の立証活動であることから，裁判官に聞こえなかったり，また，裁判所の記録に残らなければ意味がない。日常会話では，相手の話を遮って喋ったり，意図的ではなくても，最後まで話を聞くことなく，相手の語尾と重なるようにして話をしたり，内容に応じて，声のトーンを調整する（不明瞭な発声をする）ということはままあることである。しかし，裁判官にきちんと聞いてもらい，また，記録に残すためにも，質問は最後まできちんと聞き，質問者（代理人）と証人の発言が重ならないようにしなければならない。また，発声は語尾まで明瞭にし，声は大きめにしたほうがよい。

　また，自分の証言が誤解されることがないようにしなければいけない。証言は，自分が記憶している事実のとおりに証言をすべきであり，想像や個人的な意見を述べるべきではない。聞かれたことには端的に答えるようにし，質問の

趣旨がわからなければ，遠慮なく聞き直すようにする。普通の人は，相手が何を聞きたいのかを考えて，それに応じて，聞かれたことだけでなく補足的な説明をしたり，想像を交えたり，自分の意見を加えたりすることに慣れている。また，質問の意味がわからないなどといって聞き返したら失礼にあたるのではないかなどと考えることもある。しかし，証人尋問の場では，聞かれたことにだけ端的に答えていれば十分であり，それ以上に何かを加えると，争点の判断に必要がない蛇足になりかねず，さらには，かえって誤解が生じさせることがあるので，それを避けなければならない。もし証言に不足があれば，代理人がちゃんと追加の質問をしてくれるはずである。

さらに，大前提として，しっかりと自分の記憶を喚起しておく必要がある。証人は自己の記憶に基づいて証言をするのであるが，人の記憶は移ろいやすく，必ずしも，実際に出来事を体験した当時の記憶がそのまま頭の中に保存されているとは限らず，時間が経つうちに，当初の記憶とは違った記憶になってしまっていることがある。それでは証言が不正確なものになってしまうので，自己の証言に関連する書証や関係資料を見返したり，自分の陳述書は何度も読み返すなどして，なるべく出来事を体験した当時の記憶を喚起しておく必要がある。

(3) 証人尋問前の打合せ，主尋問の予行演習

証人尋問に臨む前には，代理人弁護士とはよく打合せをする必要がある。

陳述書の作成にあたって，すでに代理人弁護士からはヒアリングを受け，詳細な説明を行っているはずであるが，再度，実際に尋問を行うにあたり，証人が記憶している事実を代理人弁護士と共有する必要がある。

また，主尋問，反対尋問を通じて，訴訟の重要な争点は何かを理解しておくことは，的確な証言をするために必須であるから，証人としては，弁護士によく確認をしておく必要がある。前述したような主尋問における心構えについても，代理人弁護士から具体的に説明を受けたほうがよい。

有効なのは，代理人弁護士が本番の証人尋問で使用するために作成した尋問事項書を用いた予行演習である。尋問事項書を用いた予行演習により，具体的に，どのような形で，代理人弁護士から質問がされるのか，また，それに対し

て，どのように回答すれば，誤解なく証言が理解してもらえるのかを体感することができる。代理人弁護士としても，それまでのヒアリング内容から，「このように質問すれば，このような回答が返ってくるはずである」と考えて尋問事項書を作成しているが，予行演習をしてみると，異なった趣旨の回答が返ってくるなどということがわかり，尋問事項書を改訂したり，必要に応じて，証人の記憶を喚起したりなどの対策を行うことができる。

③ 反対尋問

(1) 反対尋問の目的
　反対尋問の目的は，主尋問の効果を減殺すること，反対側当事者にとって，有利な供述を得ることである。前者は，主尋問や陳述書に誤った内容や，過剰ないし不正確な表現があれば，その旨を明らかにすることによって行われる。

(2) 反対尋問に臨む心構え
　基本的には，主尋問に臨む心構えと同様である。反対尋問は，相手方の代理人弁護士から質問がされるため，「敵」からの攻撃であると受け止め，こちらも「敵」に対する姿勢で臨んでしまうことがありがちである。しかし，質問が相手方の代理人弁護士からされるとはいっても，主尋問と同じく，自分にとっての目的は，裁判官に自分の証言を聞いてもらい，正しく理解してもらうためのものであるということである。質問者は，証人の主尋問での証言を崩そう，相手方に有利な証言を引き出そうという姿勢で来るので，もちろん用心が必要だが，誠実に，端的に，相手方代理人弁護士の質問に回答することである。

　反対尋問では，相手方の代理人弁護士も手を変え品を変え，さまざまな方面から攻めてこようとするが，とにかく平常心を保つことが重要である。主な注意事項としては，以下のようなものがある。

- 威嚇的な言動や挑発的な言動をされても，恐れたり，腹を立てたりしない。
- その場で何か（証拠）を見せられたら，じっくりとよく見る。見てい

る途中で質問をされても,「今読んでいますから,ちょっと待ってください」と言えばよい。
- 揚げ足取りや,勝手な決めつけをされたら,「それは違う」とはっきり指摘をする。
- 質問の意味がわからなければ,聞き直す。
- 知らないこと,覚えていないことは,はっきりそう言ってしまってよい。
- 何度同じことを聞かれても,何度も同じ答えをする。

(3) 証人尋問前の打合せ,反対尋問の予行演習

証人尋問前の打合せでは,反対尋問の対策も行う。

反対尋問の場合には,相手方代理人が現実にどのような質問をしてくるかを正確に予測するのは困難であるから,一問一答形式で準備をすることは無駄であるが,最低限,どのようなトピックが反対尋問で問われる可能性があるかは打ち合せておくべきである。重要な争点についての攻防をしているのであるから,反対尋問でどのようなトピックがあり得るかは,相当程度予測可能である。また,当事者双方が同一の争点・事実関係について証人を申し出ている場合には,双方の証人の陳述書を対比して齟齬のあるところが聞かれることが多い。記憶のとおりに回答しておけば問題がないことがほとんどであるが,実際に事実を経験してからの時間の経過や勘違いなどによって記憶が誤っている場合もあるし(こうした問題は,陳述書の作成段階で相当程度解消されているはずである。記憶違いなどを避けるために,関連する主張や書証などには再度目を通しておく必要がある),事実を正しく記憶していたとしても,その記憶のとおりに回答するというのは必ずしも容易ではないから,基本方針として,どのような回答になるかということはトピックごとにあらかじめ確認をしておく。

企業関係訴訟では,資料の管理・保全などは相当程度行われており,主張としては顕出されていないが,関連する事実として何があるか,書証として提出していないものを含めて,関係資料としてどのような資料があるかなどは把握されていることが通常であり,驚愕の新事実や新証拠が反対尋問の場で提出されることは稀である。事前に予測していなかったトピックが問われたとしても,

それは大して重要な質問ではないと割り切ることも大事である。

　時間があれば，反対尋問も予行演習を行ってみたほうがよい。主尋問とは異なって，本番で問われる内容を正確に予行することはできないが，たとえば，威嚇的な尋問をされた場合の対応などは慣れも必要であるし，また，揚げ足取りや勝手な決めつけなど，相手方代理人の間違いを指摘すべき場面の練習も行っておくに越したことはない。普通の人は，隙を見て自分に誤ったことを言わせようとする相手に対し毅然と対応することには慣れていないのである。

4　補充尋問

　補充尋問は，裁判官からの質問である。主尋問，反対尋問，再主尋問の後に行われるのが通常であるが，主尋問や反対尋問中の証人の回答が明確ではない場合などに，裁判官が割り込んで質問をする場合もある。補充尋問をどの程度行うかは，事件によっても，裁判官によっても異なっており，全く補充尋問がないこともあるし，かなり長く補充尋問が行われることもある。

　裁判官からの補充尋問は重要である。裁判官も記録を読み返して証人尋問のために準備をしており，何を聞きたいかを検討して，証人尋問に臨んでいる。当然ながら，裁判官は，裁判官として関心を有している事項（かつ，主尋問や反対尋問では聞かれなかった事項）につき質問をするのであり，判決をするにあたり，その質問をしておくことが必要だと考えて質問をするのである。裁判官の補充尋問の内容から，裁判所の心証が見えることもある。

　また，裁判官の補充尋問の特徴として，当事者の質問よりも直截的であるということがある。当事者間では，主尋問や反対尋問では訴訟戦術上，あえて，質問を避ける，ないし，不利な証言がされる可能性があるので踏み込んで聞けない事項があることがあるが，裁判官は，当事者の訴訟戦術には特に関心がないので，証人に対してずばり聞きたいことを聞く。

　証人としては，裁判官の質問だからと身構える必要はなく，主尋問や反対尋問と同様に記憶のとおりに回答すればそれでよいのであるが，代理人弁護士としては，補充尋問の内容をよく吟味し，万が一，裁判官に誤解があると思えば，誤解を解く努力をする必要がある。

5 相手方証人への対応

　相手方証人への対応として主なものは，反対尋問の準備である。もっとも，相手方証人の主尋問にあまり価値がない場合（重要な事実の立証に資する主尋問ではない場合）や，効果的に反対尋問を行う材料に乏しい場合には，反対尋問を行うことでかえって主尋問の内容を補強するだけの結果になったり，自らに不利な証言を引き出してしまったりするリスクもあるので，そもそも反対尋問を行わないという選択肢もある。

　反対尋問の準備としては，相手方証人の陳述書を手元に，記録を徹底して読み込み，相手方証人や関係者の言動に不整合ないし矛盾した点はないかを事前に確認し，尋問時に矛盾したことを言えばすぐに気付くようにする，陳述書に本来書かれているべきことや，主尋問で聞かれるべきことであるにもかかわらず，陳述書にも主尋問にも出てきていない事情はないか目を光らせる，反対尋問の想定問答集を作成するなど，とにかく入念で，徹底した準備が必要である。

　主には代理人弁護士がこの準備を行うのであるが，会社の担当者としても，当事者としてアイディアがあれば代理人弁護士に共有をして意見交換をしておくべきであるし，また，反対尋問の方針（反対尋問を行うか，また，行うとして，どのような点に着目して反対尋問を行うかなど）につき，代理人弁護士とよく協議し把握しておくべきである。

第 **5** 章

訴訟の終了

　訴訟の終了する典型的な場面としては，和解と判決がある。判決の場合には，当事者の双方または一方から控訴・上告等がされれば，訴訟手続自体は上訴審で継続することになるが，当該審級における訴訟手続は終了である。
　本章では，まず，当事者間の合意により訴訟が終了する場面である和解の実務について整理したうえで，和解をするにあたっての留意点について，具体的なシチュエーションを想定しつつ解説する。
　次に，判決に至った場合の第1審判決後の対応の留意点について解説し，そのうえで，上訴手続である控訴や上告に関して，その審理の対象や訴訟活動の留意点などについて解説する。最後に，判決が確定した後，相手がそれに従わなかった場合の強制執行についても概説する。

第1節 和解

1 和解のタイミング

　訴訟の終了には，判決と，判決によらない訴訟の終了とがある。判決によらずに訴訟が終了する場面としては，訴えの取下げ，請求の認諾，請求の放棄，和解がある。

　当事者にそれぞれ言い分があって訴訟になっているのが通常であるから，訴えの取下げや請求の放棄，請求の認諾によって訴訟が終了することは珍しく（訴訟外で和解をして訴えが取り下げられる場合はあるが），判決によらない訴訟の終了の主なものは和解である。

　和解は，訴訟中いつでも可能であるが，最も和解の機運が高まりやすいタイミングとしては，争点整理が終了し，証人尋問を行う前か，証人尋問を行った後か，弁論終結後判決言渡期日間である。

　争点整理が終了する時点では，裁判所が当該事件について一定の心証を形成していることが多く，裁判所のその時点の心証に沿った和解提案が行われるということがある。また，当事者も，双方の主張立証の状況は理解しているから，証人尋問前であっても，ある程度判決の見通しを立てることが可能な時期でもある。双方の主張が尽くされ，手持ちの書証も提出されていれば，裁判官は，大部分の事件について，結論が見えていると思われる。

　また，証人尋問まで終了した段階ともなれば，最終準備書面の作成・提出はあるにせよ，基本的には，当事者の主張立証は尽くされている状況であるから，裁判所はほぼ心証を固めているし，裁判所の和解期日における発言も判決の結論を相当のリアリティをもって想像させるものになるので，当事者としてもよ

り真剣に和解を検討しやすい。

　なお，裁判官によっては，和解を熱心に勧める裁判官もいれば，淡々と和解でも判決でもよいという態度の裁判官もいる。前者のタイプの裁判官の場合には，和解協議の中で，積極的に心証を明らかにすることもままある。和解協議の場では，両当事者が同席ではなく，裁判所と一方当事者が交互に話をしていくことが通例であり，当事者としては，裁判官が相手方にも自分と同じ話を伝えているのかはわからないことが多い。経験上，ほとんどの裁判官は，自らの心証をベースにして，双方に同様の話をしているように思われるが（トーンは違うかもしれないが），和解に熱心な余り，いわゆる二枚舌を使ったり，次々と異なる和解提案を行う（あまり心証と関係なく和解提案を行う）裁判官もいないではないように見受けられるので注意が必要である。

2　和解の検討のポイント

(1)　メリット・デメリットの検討

　当事者は，それぞれに和解した場合，しなかった場合のメリット，デメリットを比較しながら，和解するべきか否かを検討することになる。メリット，デメリットの内容としては，判決まで争った場合に勝てるのかどうかの見込み（裁判所の心証の見立て）や，原告であれば勝訴した場合の回収可能性が中心であるが，企業の場合には，訴訟を継続していくこと自体のデメリット（コストや，事案によってはレピュテーションリスクなど）も比較的大きいことから，勝訴の見込みが高くても，ある程度納得のいく内容であれば和解に応じるということもあり得る。

　また，判決となれば，判決文が判例雑誌に掲載されるなど内容が広く知られることがあり得るが，和解は原則として公表されないので，そのことも考慮要素となる。和解条項の内容を知られたくない場合には，守秘義務条項を和解条項に取り込むことも可能である。場合によっては，具体的な和解内容を和解調書に残すことを避け，当事者間で和解契約を締結したうえで，訴訟を取り下げるということもある。

(2) 検討するにあたっての留意点

　和解を検討するにあたって留意事項は，裁判官，代理人弁護士の言うことに真摯に心を傾けることである。代理人弁護士としては，依頼者との信頼関係を維持しつつ，依頼者にとって，和解がよい解決方法であれば，積極的にこれを勧めるのが相当であり，依頼者に和解を勧める場合には合理的な理由をもって提案を行っているのが通常である。

　他方，法務担当者としては，和解を勧められると，弱腰の代理人弁護士であるとして，味方である代理人弁護士に反感を覚えることも少なくない。しかし，考え方に違いがあれば，お互いの考えをよく理解して検討すべきである。関係者全員がきちんと理解をしたうえで和解の協議・検討を行うことができるかを考えることが和解を検討するにあたっては極めて重要である。

　たとえば，代理人弁護士によれば，裁判官と同じ心証で，裁判官から提案された和解案に合理性があるとの意見であるが，法務担当者としては，代理人弁護士の話だけではどうも納得がいかないという場合もあるだろう。そのような場合には，和解協議に同席し，裁判官から直接話を聞くことが考えられる。もとより，企業関係訴訟では常日頃から法務担当者が裁判期日に同席し，訴訟の進行をしっかりと把握しておく必要性が高いが，和解協議のように関係者の発言の機微などが特に重要な局面では尚更である。

　また，代理人弁護士が和解が相当であると考えている事案で，かつ，法務担当者としても同意見である場合でも，裁判所に対して，こちらから和解の申出をすると弱気ととられてしまうのではないか，その後の和解交渉や訴訟進行で不利になるのではないかということを懸念することがある。しかし，和解が相当と思われる事案で積極的に和解を申し出ることは，決して当事者にとって不利なものではない。法務担当者としては，代理人弁護士の意見に真摯に耳を傾け，どのようなことでもよく話し合う姿勢を普段から見せておくことで代理人弁護士が和解の申出をする機会を逸しないように気をつける必要があるし，代理人弁護士としても和解の申出が間違いなくできる環境を依頼者（法務担当者）および裁判所の双方と構築しておくことが重要である。

　なお，代理人弁護士も法務担当者も，和解で決着を図ろうとしている事案では，訴状，答弁書，争点整理，人証調べの段階で，相手方を過度に刺激するよ

うな主張立証は控えておくのが相当である。たとえば，訴状等で相手方を詐欺等と批判しておきながら，その後握手して和解といっても相手方は納得しないであろう。相手方は，それまでの主張は何だったのであろうかと憤慨するに違いない。本来，和解が可能な事案も，争点整理の段階等で相手方を刺激しすぎたために，相手方が感情的になっており，和解を拒否することはよく見かける光景である。ことに，形勢が芳しくない事案では，当事者としては，和解による解決を図るのが相当であり，そのような場合には，和解に入る前までは，いたずらに相手方を刺激するような言動をすべきではないであろう。代理人弁護士よりは企業側の担当者のほうが相手方の性格等についてよく理解していることもあり，代理人弁護士の主張が相手方にどのような印象を与えるかも考慮に入れて，訴訟を進行させる必要がある。

　ちなみに，敗訴しそうな当事者は和解を引き延ばしの手段に利用されることがある。そこで，勝訴事案では，和解のめどが立たないときには，速やかに和解を打ち切るように申し出るのが相当である。ことに，次々に前と異なった和解案を提示されるような場合は，和解の見込みが薄いので注意すべきである。

第2節

判決およびその後の対応

1 判決後の対応の検討

　第1審判決後の対応として、最も重要なのは勝敗（判決の主文）であるが、判決の理由を分析することも重要である。敗訴の場合には、何が足りなくて敗訴したのか、控訴した場合に第1審判決が覆る可能性があるのかなど判決理由をよく分析し、控訴するのかどうか、また、控訴したとして、何を追加で準備するのかなどの検討を鋭意行う必要がある。また、全面勝訴であれば、原則として問題はないものの、たとえば、請求権は認められるが時効で勝訴した場合など、判決理由で企業の非が認められたともとれる場合には、マスコミ、取引先、社内説明など各方面への対応が必要になることもある。

　手続上の問題としては、いつ判決書を受領するのかを決めておく必要がある。判決書を受領すれば、控訴期限が開始する。

　また、仮執行宣言付の敗訴判決の場合には、判決書の受領により、仮執行を受け得ることになるので、特に注意を要する。仮執行宣言とは、財産権上の請求がされている場合に、敗訴者が上訴により救済を受け得ることとの均衡から、勝訴者の利益のために裁判所が確定前の判決に執行力を付すことを認める制度である。たとえば、第1審判決で1億円の請求権が認められ、その判決に仮執行宣言が付された原告は、当該判決をもって、被告の銀行預金を差し押さえることができる。仮執行ができるようになるのは、早くとも判決書が被告に送達されて以降のことであるから、被告から見れば、判決書を受領する（送達を受ける）ことにより、相手方から第1審判決の仮執行を受け得る立場になる。

　被告として、これに対抗するには、強制執行停止決定の申立てを行うことが

考えられる。裁判所から，強制執行停止決定を取得すれば，以後は，原告は被告に対し，仮執行宣言付の第1審判決により強制執行（仮執行）を行うことはできないことになる。ただし，強制執行停止決定申立てを行うための要件として，控訴を提起することが必要であり，また，実務上，第1審判決で認容された金額の70％程度の金額の担保を提供することが必要である（民事保全の担保と同様に，方法はいくつかあるが，供託が最もよく利用される方法である）。

　このような配慮から，敗訴した場合には，全部敗訴，一部敗訴にかかわらず，ただちには判決書を受領せず，控訴期限の開始を先延ばしにし，また，ただちには仮執行されないようにするとともに，並行して，強制執行停止決定申立ての準備をするということがあり得る。もっとも，常にこのような対応が可能なわけではなく，重要な訴訟であって，判決が報道されることが予想されるような場合には，社内外への説明のために判決を即時に受領する必要がある場合もある。特に，当事者が上場企業の場合には，この傾向が強い。

　この場合，勝訴敗訴にかかわらず，判決の言渡し後にすぐ判決書を受領することを前提に，判決期日よりも前から，万が一の場合に備えた準備を進めておくべきである。訴訟で争ってきた当事者としては敗訴した場合のことを考えたくはないが，たとえば，金銭請求訴訟の被告であれば，敗訴の場合には仮執行されないように即日の控訴提起と強制執行停止決定申立てを検討する必要がある。敗訴判決を受けた当日になってからでは，社内説明を経て，ただちに控訴をして，供託金を準備するための稟議を通すにも時間がかかる。強制執行停止決定申立てをするのであれば，事前に稟議を通す段取りを立てておく，代理人に供託資金を預けておくなどの準備が必要である。誰が何時何分頃に判決を受け取り，誰と誰に連絡して，何時までに控訴を提起して…などといった具合に，分刻みのスケジュールを立てておくこともある。

2　控　訴

(1)　控訴の提起

　控訴をすることができる期間は，判決の送達を受けた日から2週間である（民事訴訟法285条1項）。控訴は，第1審裁判所に控訴状を提出して行う（同法

286条)。控訴状の段階では,控訴の理由(第1審判決の取消しまたは変更を求める理由)を具体的に記載する必要はなく,「追って控訴理由書において主張する」などと記載することが一般的である。

　判決の送達を受けてからの2週間の控訴期限のうち,どのタイミングで控訴を提起するかは要検討である。控訴状を提出した日から,控訴理由書の提出期限がスタートするので,時間をかけて控訴の理由を十分に検討するという観点からは,控訴期限ぎりぎりまで待って,控訴を提起するということが考えられる。原告側の案件で,第1審で敗訴してしまった場合には,このような対応が取られることが多い。

　他方で,被告側の案件で,第1審判決で一部でも敗訴し,判決に仮執行宣言が付されている場合には,仮執行を受けることを避けるために,判決書を受領したら,即日控訴提起をして,強制執行停止決定の申立てを行うということもよく行われている。

(2) 控訴審の審理の対象

　控訴審の審理の対象は,控訴人の提示する原判決に対する不服を基礎とする原判決の取消し・変更の申立て(控訴状の「控訴の趣旨」として記載される)の当否であり,審理の対象もその限度である(民事訴訟法296条1項)。

　たとえば,第1審で原告がA,B,Cの3つの請求をし,第1審判決がAの請求のみを認容し,BおよびCの請求を棄却したとする。これに対し,原告のみが,Bの請求棄却について原判決を変更して,Bの請求を認めるべきであるとして控訴を提起し,Cの請求については控訴しなかった場合には,控訴審は,Aの請求およびCの請求については審理をしないことになる。被告としては,Aの請求についても,控訴審で審理をしてもらいたいという場合には,被告自身も控訴をする必要がある[1]。また,請求権としては1つでも,第1審判決が金

---

1 当初の14日間の控訴期限内に控訴をしなくても,相手方が控訴をしている場合であれば,附帯控訴(民事訴訟法293条1項)により,Aの請求を審理の対象とすることも可能である。Aの請求認容だけなら原判決が確定してもよいが,どうせ控訴審で争うのであれば,Aの請求認容についても争いたいといった場合には,附帯控訴を利用することになる。

額的にその一部を認容したような場合でも同様である（10億円の請求に対し，1億円の請求を認容し，9億円の請求を棄却した場合に，原告のみが控訴すれば，認容された1億円部分は審理の対象とはならない）。

　控訴審は，不服申立ての限度においてのみ，第1審判決の取消しおよび変更をすることができる（民事訴訟法304条）。上記のA，B，Cの請求の例で言えば，原告がBの請求のみにつき控訴をしている以上，仮に控訴審の裁判所がAの請求が認められるのはおかしい，または，Cの請求も認められるべきであると考えたとしても，Aの請求認容，Bの請求棄却の第1審判決を変更することは許されないことになる。

　したがって，当事者としては，控訴をする際に第1審判決のどの部分に控訴を提起するかをよく検討する必要があるのはもちろん（とはいえ，多くのケースでは，第1審判決の敗訴部分全部を争うことになるが），相手方が控訴をする場合には，仮に第1審判決に満足していたとしても，一部でも自己の請求が否定された部分があれば，控訴または附帯控訴をすべきではないか検討する必要がある。

(3) 控訴審の訴訟活動

　控訴状を提出した後は，控訴の理由を記載した控訴理由書の準備に入る。控訴理由書は，控訴の提起から50日以内に提出する（民事訴訟規則182条）。控訴審の審理は，続審主義と言われ，第1審で提出された訴訟資料（主張立証）に加えて，控訴審で新たに提出された訴訟資料をも考慮して，第1審判決の取消し・変更の必要があるかを検討し，請求の当否について判断をするものである[2]。

　したがって，第1審で敗訴した控訴人としては，何が敗因であったのか第1審判決の内容を分析し，必要と判断される主張立証の追加を行うことになる。追加の主張立証の内容はさまざまであり，代理人弁護士を変更して，新たな視点で心機一転，抜本的な主張内容の変更を行う場合もあれば，第1審での主張

---

[2] 控訴審が第1審判決を取り消す場合には，第1審裁判所に事件を差し戻すこともあるが（民事訴訟法307条・308条），訴訟資料に基づき事実についても審理をすることから，自ら判断する（自判）のが原則である。

立証の内容をベースにして，第1審判決の誤った点を論難していくという場合もある。

第1審で敗訴した当事者としては，第1審判決の内容を踏まえて，新たに有利な書証を提出したり，新たな証人尋問の申請や，文書提出命令の申立てなど，諸々の追加立証を試みていくことが多い。ただし，第1審段階ですでに審理が行われていることが前提であり，証人尋問や文書提出命令など，裁判所の積極的な行為が必要となるものは認められにくい傾向が強い。

控訴審の審理は，第1審で相当の審理をしていることが前提となるので，半分以上の事件では，第1回期日で結審する。平均審理期間も約半年程度である。それゆえに，悠長に時間をかけて裁判所を説得することには期待できず，控訴理由書における主張とそれに伴う立証が最大のヤマ場となる短期決戦である。

控訴審で和解が成立することも多い。後述のとおり，控訴審判決を覆すのは容易ではなく，控訴審の裁判官が心証を開示したり，開示まではしなくとも垣間見えた場合には，当事者にとっての重みは第1審の場合と桁違いである。

(4) 控訴審判決に対する対応

控訴審判決に対する対応につき，頭に入れておかなければならない第1審判決との大きな違いは2つである。第一に，さらに上訴（上告または上告受理の申立て）しても，変更される可能性は低いこと，第二に，金銭請求の場合，仮執行宣言付の判決に対し，強制執行停止決定を得ることは難しいこと，である。

すなわち，上告または上告受理の申立てが認められ，控訴審判決が破棄されるのは，ごく限られた場合である。控訴審にしても，判決を受ける場合には，第1審判決を変更する結論となる事件の割合は3割にも満たないが，上告審の場合には，控訴審判決が破棄されるのは，わずか数％である。したがって，意気込みは別にして，客観的には，上告審で控訴審判決を覆すことは相当困難であるということを認識しておく必要がある。

また，上告または上告受理の申立てに伴う強制執行停止の要件は，厳しい。控訴に伴う強制執行停止の要件は，「原判決……の取消し若しくは変更の原因となるべき事情がないとはいえないこと又は執行により著しい損害を生ずるおそれがあることにつき疎明があったとき」である（民事訴訟法403条1項3号）。

これに対し，上告または上告受理の申立てに伴う強制執行停止の要件は，「原判決の破棄の原因となるべき事情及び執行により償うことができない損害が生ずるおそれがあることにつき疎明があったとき」である（同項2号）。傍点部を見比べると，いかに厳しい要件とされているかがわかる。

このような控訴審判決の変更可能性の低さ，および，強制執行停止決定を得ることの難しさから，金銭請求事件では，上告を検討している場合であっても，一旦，控訴審判決に従った支払（仮払）を行うということはよく行われている。

3 上告または上告受理の申立て

控訴審判決に対する上訴の手段としては，上告（民事訴訟法311条）と上告受理の申立て（同法318条）がある。

上告が認められるのは，控訴審判決に憲法違反がある場合（民事訴訟法311条1項）か，絶対的上告理由と呼ばれる上告理由（同条2項。判決裁判所の構成の違法，判決に関与できない裁判所の裁判官の判決関与，専属管轄規定違反，法定代理権等の欠缺，口頭弁論公開規定の違反，判決の理由不備または理由の食違い）に限られる。上告事件として判決に至るのは，年にわずか数件である。

上告受理の申立てが認められるのは，控訴審判決に最高裁判例と相反する判断がある事件その他の法令の解釈に関する重要な事項を含む事件であり（民事訴訟法318条1項），このような申立てに対し，最高裁判所が上告審として事件を受理すると決定すれば，上告があったものとみなされることになる（同条4項）。法令解釈の統一の責任を負う最高裁判所が判断を示す必要がある事件に限られるものであり，95％以上は不受理である。

上告理由が非常に限定されていることから，上告を行う場合には，上告と上告受理申立ての両方を行うことが多く，明らかに上告理由がない事件では，上告は行わずに，上告受理申立てのみを行うこともある。

上告または上告受理申立ては，控訴審判決の送達を受けてから14日以内に上告状および／または上告受理申立書を控訴審裁判所に提出することによって行う（民事訴訟法314条・318条・313条・285条）。その後，50日以内に，上告理由書および／または上告受理申立理由書を提出する（民事訴訟規則186条・199条2項）。

上告審の審理は，基本的には書面審理であり，上告理由書，答弁書，その他の書類によって，上告を理由がないと認めるときには，口頭弁論を経ることなく，判決によって上告を棄却することができる（民事訴訟法319条）。また，上告受理申立てに対し，不受理決定をする場合にも口頭弁論は要求されない。このため，大多数を占める上告棄却，上告受理申立ての不受理決定の事件では，上告理由書／上告受理申立理由書を提出した後，しばらく経って，上告棄却または不受理決定を知らせる書類が届いて，事件が終了する（最高裁判所の平均審理期間は，3カ月余りである）。

　これに対し，上告を認容する場合（控訴審判決を破棄する場合）には，口頭弁論を開くことが必要となる。口頭弁論が開かれたうえで，上告が棄却されることもあるが，少なくとも，口頭弁論が開かれるかどうかは，上告した当事者にとって第一関門（かつ，最大の関門）となる。最高裁判所が口頭弁論を開くということは，最高裁判所として，その事件に対して何らかの判断を示すことにしたということであるから，世間の耳目を集める事件では，最高裁判所が口頭弁論期日を開くということだけでもニュースになる。

　最高裁判所は法律審といわれ，控訴審までに提出された訴訟資料に基づいて，控訴審の法律判断を審査するものである。最高裁判所が控訴審判決を破棄すると判断する場合（控訴審判決の法律判断が誤っていると判断する場合）には，最高裁判所の示す法律判断に，当該事件の事実をあてはめて結論を出す必要があるが，最高裁判所は自ら事実認定を行わないので，控訴審判決破棄の場合には，控訴審裁判所への差戻しが原則となる[3]。

　控訴審裁判所へ差し戻された後は，最高裁判所の判断を前提として，さらに当事者間で事実認定等を争うことになるため，最高裁判所で勝訴または敗訴したとしても，そこで決着がつくわけではないことには注意が必要である。

3　例外として，確定した事実について法令の適用の誤りを理由として判決を破棄する場合において，事件がその事実に基づき裁判をするのに熟するとき（新たな事実審理が必要ないとき）などがある（民事訴訟法326条）。

4 強制執行

　勝訴判決を得て，判決が確定したにもかかわらず，相手方が判決に従わない場合，強制執行を行う必要がある[4]。

　強制執行の申立てを行うためには，債務名義，承継文および送達証明が必要である。

　勝訴判決が確定した場合には，確定した勝訴判決の正本が債務名義となる（民事執行法22条1項）。判決の確定については，第1審裁判所の裁判所書記官から判決確定証明書の交付を受ける（民事訴訟規則48条）。

　執行文は，当該事件の記録を保管する裁判所書記官に対し，執行文付与申請を行って付与してもらう（民事執行法26条1項）[5]。また，送達証明書も同様に，裁判所書記官から交付を受ける。

　強制執行の執行機関は，強制執行の内容により，裁判所と執行官に分かれる。たとえば，金銭回収のための強制執行であり，不動産や債権を目的とするときは，裁判所が執行機関である。これに対し，金銭回収のための強制執行でも，動産を目的とするときや，金銭回収を目的としない不動産の引渡し・明渡しや，動産の引渡しなどは，執行官が執行機関である。

　裁判所が執行機関となる手続としては，金銭回収を目的とする不動産に対する強制執行は，当該不動産の所在地を管轄する裁判所が管轄を有するので，たとえば，当該裁判所に強制競売申立てをし，当該不動産を強制競売し，その代金から配当を受けることにより行う[6]。また，債権に対する強制執行は，債務者

---

[4] ここでは判決確定の場合を念頭に論じるが，訴訟上の和解により事件が終了した場合であっても，相手方が和解に従わない場合には，強制執行の問題が生じる。基本的には，判決確定の場合と同じ議論である。履行可能性も考慮して和解をすることが多いので，一般的には，和解のほうが強制執行の問題は生じにくい。

[5] 判決を得た当事者に承継が生じている場合などには（個人の相続や企業の合併，債権譲渡等），承継執行文の付与を受ける（民事執行法27条2項）。また，請求が債権者の証明すべき事実（条件）の到来にかかる場合（停止条件がある場合など）には，条件が成就したことを証明して，条件成就執行文の付与を受ける（同条1項）。

[6] 不動産に対する強制執行としては，不動産の強制管理もある。

の所在地を管轄する裁判所が管轄を有するので，たとえば，当該裁判所に債権差押命令申立てをし，当該債権の取り立てをすることにより行う。

　これに対し，執行官が執行機関となる手続については，執行（引渡し・明渡し等）の対象となる不動産や，執行の対象となる動産の所在地を管轄する地方裁判所の執行官に対して行う。当該地方裁判所の執行官の人数にもよるが，申立てから現実の執行まで日時を要するのが通常であり[7]，その間に申立人と執行官が面接を行って，打合せを行う。たとえば，東京の場合には，申立時に執行官と面会する面会票が交付され，面会票の日時に執行官室を訪れて執行官と打合せをすることとされている。

---

[7] 執行官は，民事執行の申立てがされた場合には，速やかに民事執行を開始する日時を定め，申立人に通知することとされている。この日時は，やむを得ない事由がある場合を除き，申立てから1週間以内の日とされている（民事執行規則11条）。

事項索引

あ行

意見書 ……………………………… 121
一般義務文書 ……………………… 116
引用文書 …………………………… 116
ADR ………………………………… 63

か行

会社非訟 …………………………… 52
仮差押え …………………………… 37
仮執行宣言付の敗訴判決 ………… 148
仮の地位を定める仮処分 ………… 37
管轄 ………………………………… 65
間接事実 ………………………… 12, 73
鑑定 …………………………… 18, 120
鑑定書 ……………………………… 121
鑑定人 ……………………………… 120
鑑定申出書 ………………………… 120
期日報告書 ………………………… 106
強制執行 ……………………… 36, 155
強制執行停止決定の申立て ……… 148
強制力 ……………………………… 60
共通義務確認訴訟 ………………… 51
共通性の要件 ……………………… 52
経験則 ……………………………… 74
形式答弁 …………………………… 88
係争物に関する仮処分 …………… 37
検証 ………………………………… 18
検証物送付嘱託 …………………… 118
検証物提出命令 …………………… 118
原本 ………………………………… 24
控訴 ………………………………… 149
控訴状 ……………………………… 149
控訴審の審理の対象 ……………… 150
控訴審判決に対する対応 ………… 152
控訴理由書 ………………………… 151

口頭弁論期日 ……………………… 100
公文書 ……………………………… 20
抗弁 ………………………………… 89
抗弁事実 …………………………… 89

さ行

債権確定手続 ……………………… 52
最終準備書面 ……………………… 108
裁判期日の対応 …………………… 104
裁判所における鑑定 ……………… 120
裁判における「証明」 …………… 110
時機に遅れた攻撃防御方法の却下 … 111
事実 ………………………………… 6
実質的証拠力 ……………………… 22
支配性の要件 ……………………… 52
私文書 ……………………………… 20
主尋問 ……………………………… 135
主張 ………………………………… 18
準備書面 ……………………… 18, 107
少額訴訟 …………………………… 50
証拠 ………………………………… 6
　──の提出 ……………………… 110
証拠価値 …………………………… 26
証拠共通主義 ……………………… 78
上告 ………………………………… 153
上告受理の申立て ………………… 153
証拠調べ …………………………… 50
証拠説明書 ………………………… 79
証拠文書等の保存義務 …………… 7
証拠保全 …………………………… 118
商事非訟 …………………………… 52
証人申請 …………………………… 129
証人尋問 ……………………… 18, 126
　──を経ない陳述書 …………… 131
消費者集団訴訟 …………………… 50
抄本 ………………………………… 24

証明 ･････････････････････････ 38
証明力 ････････････････････････ 22
初回の裁判期日 ･･･････････････ 102
書証 ･･････････････････････ 18, 77, 91
処分権主義 ･･････････････････ 74
処分証書 ･････････････････ 19, 21
審尋 ･･････････････････････････ 44
真正 ･･････････････････････････ 21
請求の原因 ････････････････････ 70
請求の趣旨 ････････････････････ 70
正本 ･･････････････････････････ 24
送達 ･･････････････････････ 65, 98
争点 ･･････････････････････････ 13
即時抗告 ･･････････････････････ 46
訴状 ･･････････････････････････ 68
　──の補正 ･･･････････････････ 68
訴訟記録取寄せ ･･････････････ 114
訴訟事件 ･･････････････････････ 48
訴訟物 ･････････････････････････ 6
疎明 ･･････････････････････････ 38

た行

対質 ･････････････････････････ 135
多数性の要件 ･･････････････････ 52
担保 ･･････････････････････････ 41
担保基準 ･･････････････････････ 42
仲裁 ･･････････････････････････ 59
仲裁合意 ･･････････････････････ 63
調停 ･･････････････････････････ 57
調停委員 ･･････････････････････ 58
調停前置 ･･････････････････････ 57
直接証拠 ･･････････････････････ 12
陳述書 ････････････････････････ 130
通常訴訟 ･･････････････････････ 49
手形・小切手訴訟 ･･･････････････ 49
適時の証拠提出 ･････････････ 111
デジタル・フォレンジック ･････ 28
電磁的記録 ････････････････････ 27
電話会議の方法による弁論準備手続 ･･･ 104
当事者尋問 ･･･････････････ 18, 127

答弁 ･･････････････････････････ 89
答弁書 ････････････････････････ 88
謄本 ･･････････････････････････ 24

な行

内部資料 ･･････････････････････ 23
二段の推定 ････････････････････ 25
人証 ･･････････････････････････ 18
認証謄本 ･･････････････････････ 24
認否 ･･････････････････････ 89, 91

は行

判決 ････････････････････････ 148
反対間接事実 ････････････････ 73
反対尋問 ････････････････････ 138
判例 ･･････････････････････････ 34
引渡しまたは閲覧請求の対象となる文書
　･････････････････････････････ 116
非公開 ････････････････････････ 58
非訟事件 ･･････････････････････ 49
否認 ･･････････････････････････ 91
被保全権利 ･････････････････ 40, 44
費用 ･･･････････････････････････ 8
副本 ･･････････････････････････ 24
不知 ･･････････････････････････ 91
文書送付嘱託 ････････････････ 113
文書提出命令 ････････････････ 115
文書の成立の推定 ･･･････････ 20
弁護士会照会 ････････････････ 17
弁護士費用 ････････････････････ 57
弁論主義 ･･･････････････････････ 6
弁論準備手続期日 ･･･････････ 101
防御 ･･････････････････････････ 23
報告文書 ････････････････････ 19, 21
法務担当者 ･････････････････････ 8
法律関係文書 ････････････････ 116
法律構成 ･･････････････････････ 12
補充尋問 ････････････････････ 140
補助事実 ･･････････････････････ 73
保全異議 ･･････････････････････ 46

保全取消し・・・・・・・・・・・・・・・・・・・・・・・・・・・ 46
保全の必要性・・・・・・・・・・・・・・・・・・・・・ 38, 40

ま行

満足的仮処分・・・・・・・・・・・・・・・・・・・・・・・・ 38
民事保全・・・・・・・・・・・・・・・・・・・・・・・・・・・・・・ 36
　　——の疎明方法・・・・・・・・・・・・・・・・・・ 44
　　——の申立書・・・・・・・・・・・・・・・・・・・・ 44

や行

要件事実・・・・・・・・・・・・・・・・・・・・・・・ 12, 71

ら行

利益文書・・・・・・・・・・・・・・・・・・・・・・・・・・・ 116
労働審判委員会・・・・・・・・・・・・・・・・・・・・・ 54
労働審判手続・・・・・・・・・・・・・・・・・・・・・・・ 54

わ行

和解・・・・・・・・・・・・・・・・・・・・・・・・・・・・・・・・ 144
　　——の勧告（労働審判手続）・・・・・・・・・ 55

判例索引

【最高裁判所】

最判昭39・5・12民集18巻4号597頁 ……………………………………………… 25
最判昭42・12・21集民89号457頁 …………………………………………………… 21
最決昭45・6・24集24巻6号610頁 …………………………………………………… 49
最判昭45・11・26集民101号565頁 ………………………………………………… 21
最判昭52・4・15集31巻3号371頁 …………………………………………………… 19
最判昭56・11・20刑集35巻8号797頁 ……………………………………………… 29
最判平9・2・25民集51巻2号502頁 ………………………………………………… 110
最決平11・11・12民集53巻8号1787頁 ………………………………………… 116, 117
最決平11・11・26金判1081号54頁 ………………………………………………… 116
最決平12・3・10判時2136号9頁 …………………………………………………… 116
最判平12・7・12刑集54巻6号513頁 ………………………………………………… 29
最決平18・2・17民集60巻2号496頁 ………………………………………………… 117
最判平28・10・18裁判所HP〔平成27年（受）1036号〕……………………………… 17

【高等裁判所】

広島高判昭36・5・26高民集14巻3号24頁 ………………………………………… 49
東京高判平28・5・19ウエストロー2016WLJPCA05196004 ……………………… 29

【地方裁判所】

東京地判昭50・2・24判時789号61頁 ……………………………………………… 114
広島地決昭61・11・21判時1224号76頁 …………………………………………… 119

《著者紹介》

難波　孝一（なんば　こういち）

〔略　歴〕
昭和47年　中央大学法学部法律学科卒業
昭和54年　東京地方裁判所判事補
昭和57年〜平成26年
　釧路地家裁帯広支部，最高裁事務総局民事局付，東京地裁，千葉地家裁，広島高裁，司法研修所，東京地裁，熊本地裁，東京高裁に勤務
平成26年　東京高裁部総括判事定年退官
平成26年9月　弁護士登録（東京弁護士会）
平成26年10月　森・濱田松本法律事務所入所・客員弁護士
〔主要著書・論文〕
『民事事実認定重要判決50選』（立花書房，2015年，共著）
「事業再生ADRから会社更生手続に移行した場合の諸問題」『松嶋英機弁護士古稀記念論文集　時代をリードする再生論』（商事法務，2013年，共著）
『労働事件審理ノート（第3版）』（判例タイムズ社，2011年，共著）
「会社分割の濫用を巡る諸問題」判例タイムズ1337号
『民事要件事実講座1』（青林書院，2005年，共著）
ほか多数

稲生　隆浩（いのう　たかひろ）

〔略　歴〕
平成9年3月　早稲田大学法学部卒業
平成15年9月　弁護士登録（東京弁護士会）
平成27年11月　税理士登録（東京税理士会）
〔主要著書・論文〕
「持続可能な公共交通の再構築の実現と地方創生」事業再生と債権管理153号
『論点体系　会社法＜補巻＞』（第一法規，2015年，共著）
『平成26年改正会社法―改正の経緯とポイント（規則対応補訂版）』（有斐閣，2015年，共著）
『倒産法全書（上）（下）（第2版）』（商事法務，2014年，共著）
「事例でわかる民法改正［債権回収編］（1）〜（3）」ビジネス法務13巻8号〜10号（共著）
『論点体系　会社法1〜6』（第一法規，2012年，共著）等，著書・論文多数

横田　真一朗（よこた　しんいちろう）
〔略　歴〕
平成14年　東京大学法学部卒業
平成16年10月　弁護士登録（第二東京弁護士会）
平成22年　デューク大学ロースクール卒業（LL.M）
平成22年8月　Quinn Emanuel Urquhart & Sullivan, LLP（ロサンゼルスオフィス）にて執務（〜平成23年7月）
平成23年9月〜平成24年10月　ソフトバンクモバイル株式会社他3社にて勤務
〔主要著書・論文〕
『M&Aの労務ガイドブック（第2版）』（中央経済社，2009年，共著）
「有価証券報告書等の虚偽記載に関する裁判例」企業会計60巻11号
「消費者契約法の改正に関する留意点」月刊監査役517号

金丸　祐子（かなまる　ゆうこ）
〔略　歴〕
平成14年　慶應義塾大学法学部卒業
平成17年　慶応義塾大学大学院法学研究科民事法学専攻修士課程修了
平成18年10月　弁護士登録（第二東京弁護士会）
平成24年　カリフォルニア大学ロサンゼルス校ロースクール卒業
平成24年8月〜平成25年7月　シンガポール　ラジャ・タン法律事務所にて執務
平成25年8月〜平成26年10月　住友電気工業株式会社に出向
〔主要論文〕
「女性の活用に向けた法制と取組み」月刊監査役647号
「女性活躍推進法の概要と企業のとるべき対応」会計・監査ジャーナル2016年2月号
「性的な発言等のセクハラを理由とする懲戒処分を有効とした最高裁判決─最一判平成27・2・26［海遊館事件］の概要」NBL1046号（共著）

企業訴訟実務問題シリーズ
企業訴訟総論

2017年2月25日　第1版第1刷発行

編　者	森・濱田松本法律事務所
著　者	難　波　孝　一
	稲　生　隆　浩
	横　田　真一朗
	金　丸　祐　子
発行者	山　本　　　継
発行所	㈱中央経済社
発売元	㈱中央経済グループパブリッシング

〒101-0051　東京都千代田区神田神保町1-31-2
電話　03 (3293) 3371 (編集代表)
　　　03 (3293) 3381 (営業代表)
http://www.chuokeizai.co.jp/
印刷／昭和情報プロセス㈱
製本／㈱関川製本所

Ⓒ 2017
Printed in Japan

＊頁の「欠落」や「順序違い」などがありましたらお取り替えいたしますので発売元までご送付ください。(送料小社負担)
ISBN978-4-502-20901-7　C3332

JCOPY 〈出版者著作権管理機構委託出版物〉本書を無断で複写複製（コピー）することは，著作権法上の例外を除き，禁じられています。本書をコピーされる場合は事前に出版者著作権管理機構（JCOPY）の許諾を受けてください。
JCOPY 〈http://www.jcopy.or.jp　e メール：info@jcopy.or.jp　電話：03-3513-6969〉

過去の裁判例を基に，代表的な訴訟類型において
弁護士・企業の法務担当者が留意すべきポイントを解説！

企業訴訟
実務問題シリーズ

森・濱田松本法律事務所［編］

◆ **企業訴訟総論**　　　　　　　　　　　　　　　　好評発売中
　難波孝一・稲生隆浩・横田真一朗・金丸祐子

◆ **証券訴訟**──虚偽記載　　　　　　　　　　　　好評発売中
　藤原総一郎・矢田　悠・金丸由美・飯野悠介

◆ **労働訴訟**──解雇・残業代請求　　　　　　　　好評発売中
　荒井太一・安倍嘉一・小笠原匡隆・岡野　智

―以下，順次刊行予定―

◆ **インターネット訴訟**
　上村哲史・山内洋嗣・上田雅大

◆ **税務訴訟**
　大石篤史・小島冬樹・飯島隆博

◆ **独禁法訴訟**
　伊藤憲二・大野志保・渥美雅之・市川雅士・柿元將希

◆ **環境訴訟**
　山崎良太・川端健太

◆ **会社法訴訟**──株主代表訴訟・株式価格決定
　井上愛朗・渡辺邦広・河島勇太・小林雄介

◆ **消費者契約訴訟**──約款関連
　荒井正児・松田知丈・増田　慧

◆ **システム開発訴訟**
　飯田耕一郎・田中浩之

中央経済社